INKTOBER 2016 FANART

-

ARTBOOK

SILVESTRO MACCARRONE

www.facebook.com/IllustrandoUnSognoBlog/
silviomacca.blogspot.it/
Copyright © 2020 Silvestro Maccarrone

Tutti i diritti riservati
ISBN: 9798698991922
Casa editrice: Independently published

Cos'è INKTOBER.

Ogni ottobre gli artisti di tutto il mondo affrontano la "Inktober drawing challenge" creando un disegno per ogni giorno del mese. Chiunque può partecipare a Inktober, basta prendere una penna e iniziare a disegnare. Anche tu.

Inktober nasce nel 2009, da un'idea dell'artista e illustratore Jake Parker che propose sul web l'iniziativa, finalizzata al miglioramento delle proprie capacità artistiche. Da allora è diventato un impegno mondiale con migliaia di artisti che affrontano ogni anno la sfida. Dal 2016, Inktober ha una lista ufficiale di temi assegnati per ogni giorno del mese di ottobre, rendendo così la sfida con se stessi ancora più accattivante (creare un disegno al giorno è un conto, creare un disegno al giorno con un tema preciso è un altro. Credimi).

Le regole, sono quindi semplici.

Scarica la lista ufficiale con i prompt.

Crea l'illustrazione.

Posta l'opera su ogni social (Instagram, Twitter, Facebook ecc ecc), con gli hashtag #inktober e #inktober20... (inserire anno in corso della challenge, esempio: #inktober2020, #inktober2017, #inktober2018...)

Ripeti ogni punto, per ogni giorno di ottobre.

E ricordate di taggare i profili ufficiali di @inktober e @jakeparker

p.s. se non riesci a creare un disegno al giorno, per mancanza di tempo o altro, non preoccuparti. Jake Parker suggerisce che puoi postare le illustrazioni con la cadenza e la ripetitività che meglio preferirai. L'importante è rimanere coerenti con lo spirito del gioco: migliorare se stessi con l'esercizio continuativo.

PROMPT LIST OTTOBRE 2016

DAY 01 – FAST
DAY 02 – NOISY
DAY 03 – COLLECT
DAY 04 – HUNGRY
DAY 05 – SAD
DAY 06 – HIDDEN
DAY 07 – LOST
DAY 08 – ROCK
DAY 09 – BROKEN
DAY 10 – JUMP
DAY 11 – TRANSPORT
DAY 12 – WORRIED
DAY 13 – SCARED
DAY 14 – TREE
DAY 15 – RELAX
DAY 16 – WET
DAY 17 - BATTLE
DAY 18 – ESCAPE
DAY 19 – FLIGHT
DAY 20 – SQUEEZE
DAY 21 – BIG
DAY 22 – LITTLE
DAY 23 – SLOW
DAY 24 – ONE DOZEN
DAY 25 – TIRED
DAY 26 – BOX
DAY 27 – CREEPY
DAY 28 – BURN
DAY 29 – SURPRISE
DAY 30 – WRECK
DAY 31 – FRIEND

ART
BOOK

inktober2016
"drawingtest"

Scopro Inktober in ritardo, il 04 ottobre del 2016, quindi a challenge già iniziata. Non conoscendo ancora bene le regole, inizialmente pensavo che bastasse proporre un disegno e basta; solo successivamente, cercando le regole, ho scoperto l'esistenza della "prompt list".
Quindi il mio primissimo disegno proposto, non ha nessuna parola guida, né segue una lista di qualche tipo. Prendo un foglio, schizzo velocemente ciò che avevo in testa – una streghetta (per tutto il mese di ottobre, sento sempre molto forte l'influenza di Halloween) – e passo poi a colorare digitalmente.
Da quel momento è iniziato il divertimento.

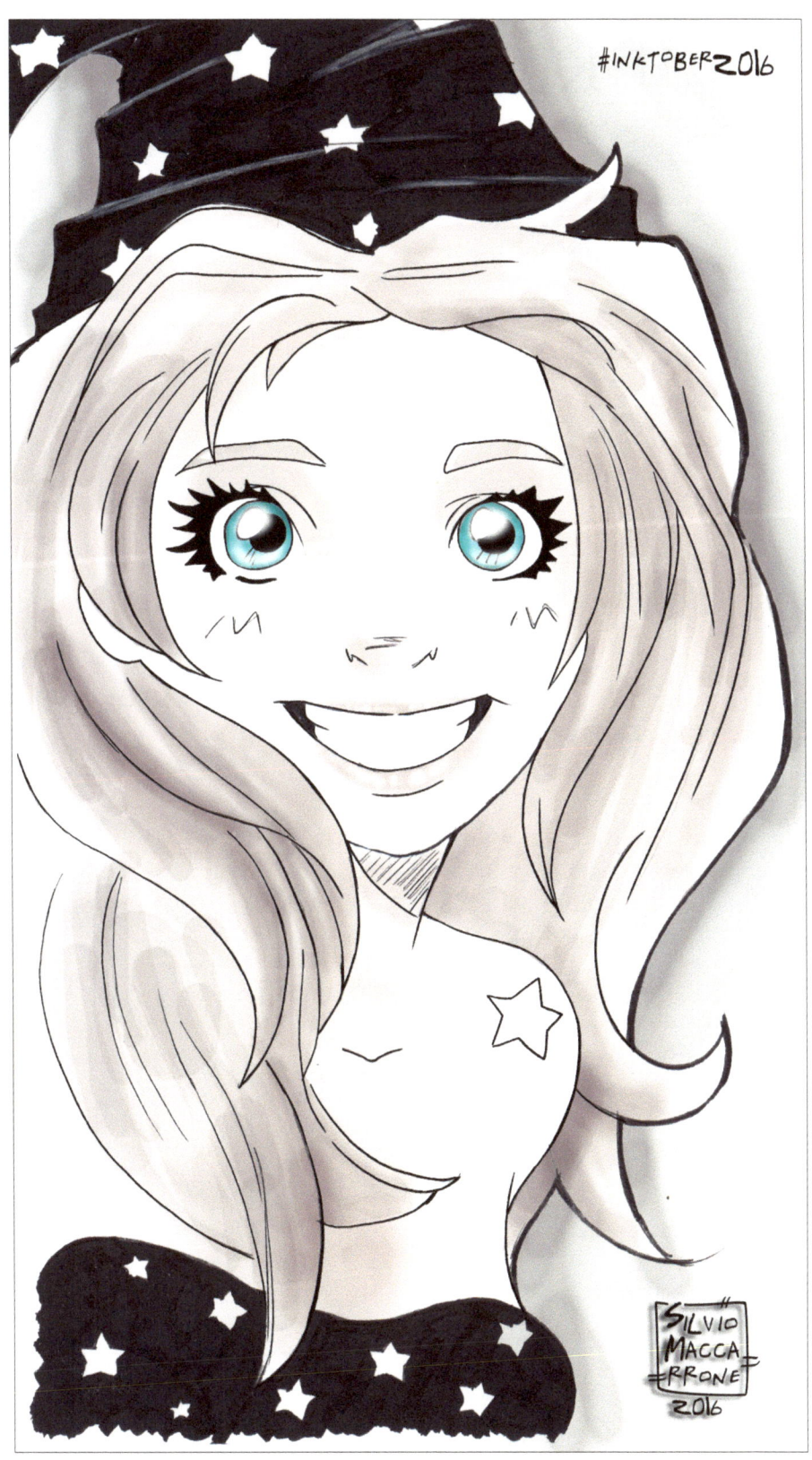

inktober2016
day 05 "sad"

PROMPT LIST: SAD (triste)
triste
/trì·ste/
aggettivo

1.
Che riflette uno stato d'animo di dolore e malinconia.
"aveva lo sguardo t."
2.
Di quanto induce un senso di dolore, malinconia, amarezza: ricevere una t. notizia; ci siamo conosciuti in una t. circostanza; la campagna era t. e squallida; con valore neutro in funzione di predicato.

DRAWING: Sad/triste. Tristezza, Inside Out, Disney/Pixar.
Tristezza è stata la seconda emozione a nascere. Il suo ruolo inizialmente non è chiaro, motivo per cui è ritenuta meno importante delle altre emozioni, ma si scopre alla fine che il suo scopo è segnalare il bisogno di Riley di ricevere conforto dalle persone che le vogliono bene.

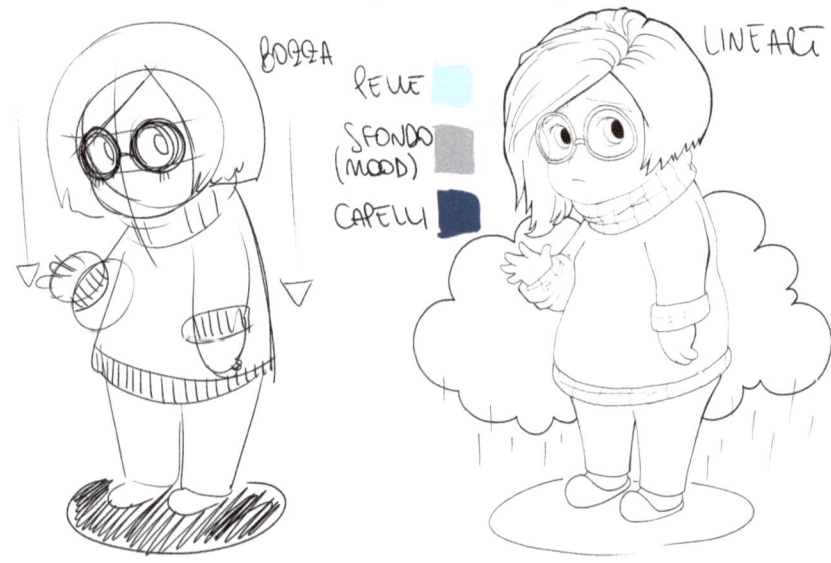

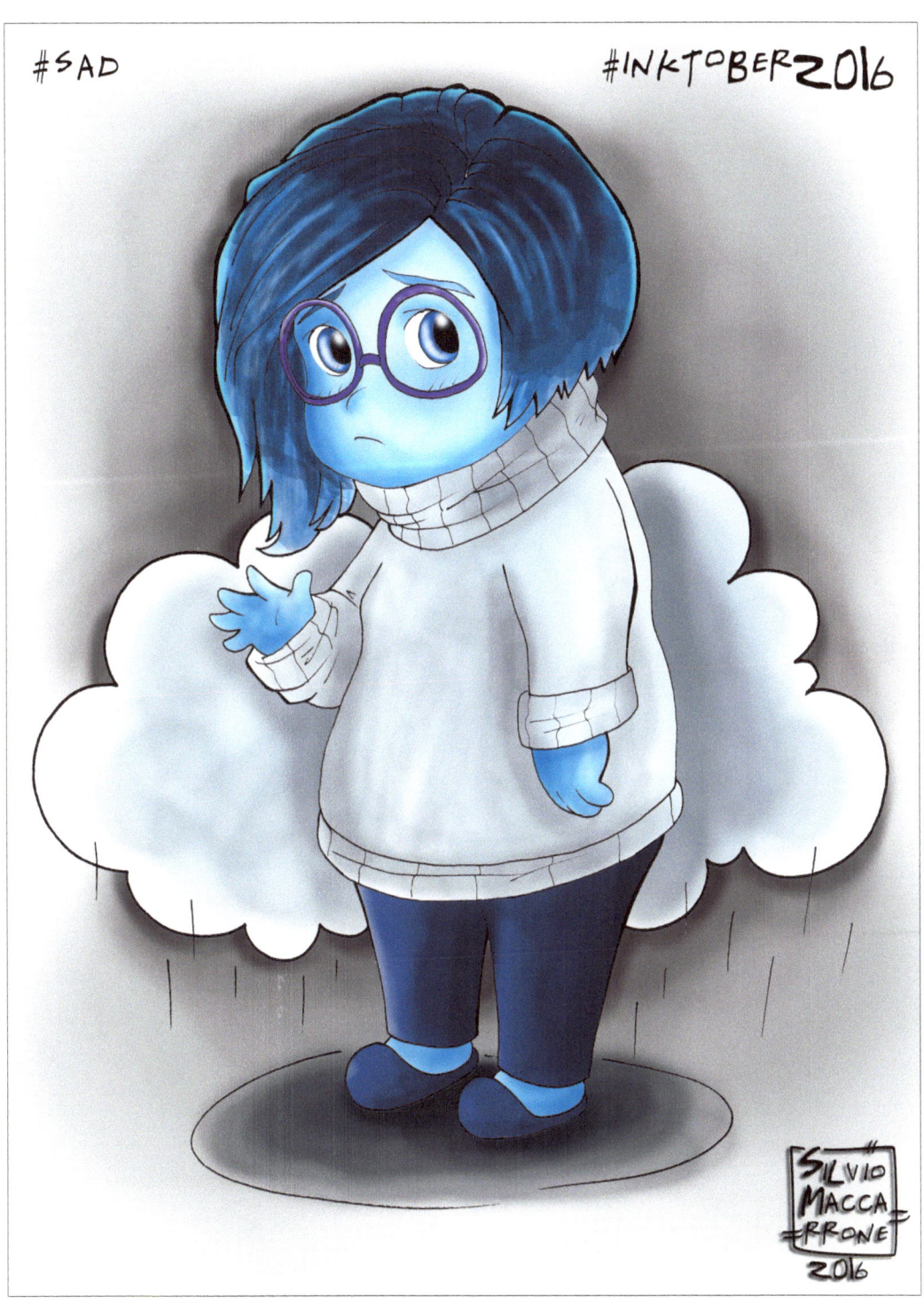

inktober2016
day 06 "hidden"

PROMPT LIST: HIDDEN (nascosto)
nascosto
/na·scó·sto/
aggettivo

1.
Sottratto alla vista, non visibile.
"un tesoro n."
 Lontano, isolato, remoto.
 "un paesino n. tra i monti"

DRAWING: Hidden/nascosto, disegno originale. Ho scelto di disegnare un gatto ricercato per chissà quale motivo (rubava salsicce?), che ironicamente cerca di celare la sua identità fingendosi – maldestramente – un paffuto bull dog.

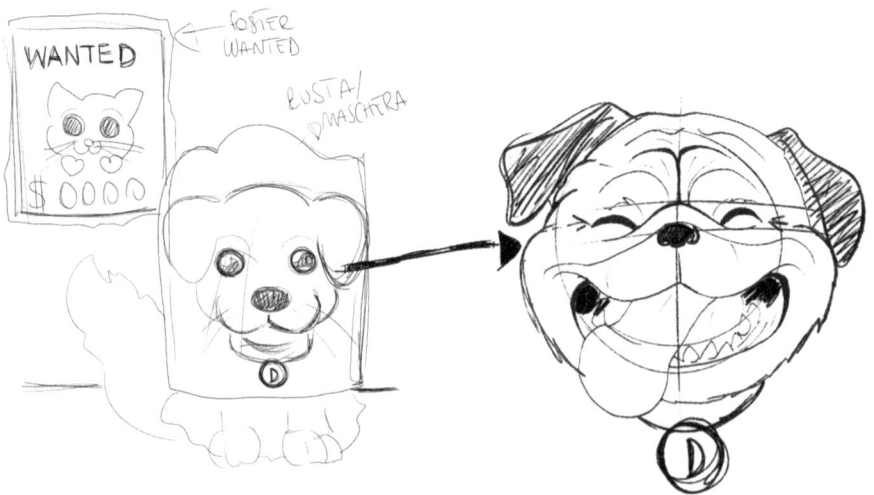

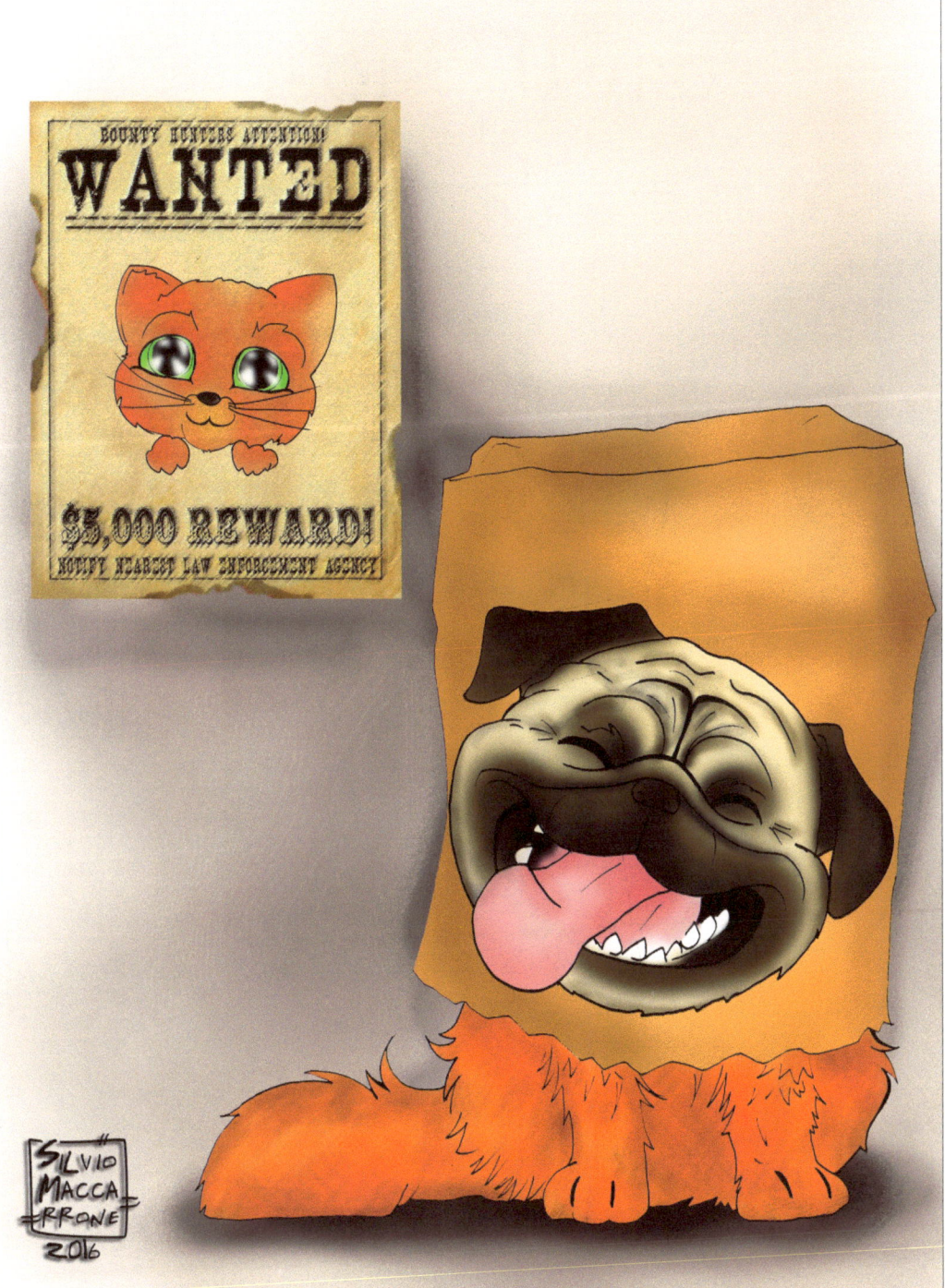

inktober2016 day 07 "lost"

PROMPT LIST: LOST (perduto)
perduto
/per·dù·to/
aggettivo

1.
Che non è più in proprio possesso perché smarrito o sottratto.
"ritrovare il portafoglio p."
2.
Che è in una situazione di estremo pericolo o addirittura senza scampo; spacciato.

DRAWING: Lost/perduto, Fan Art. L'associazione di idee, con la parola del giorno è stata immediata: Lost, la serie televisiva in onda sulla ABC, per sei stagioni, dal 2004 al 2010. La scelta è ricaduta su una determinata scena, in particolare, presa dall'episodio finale di serie.

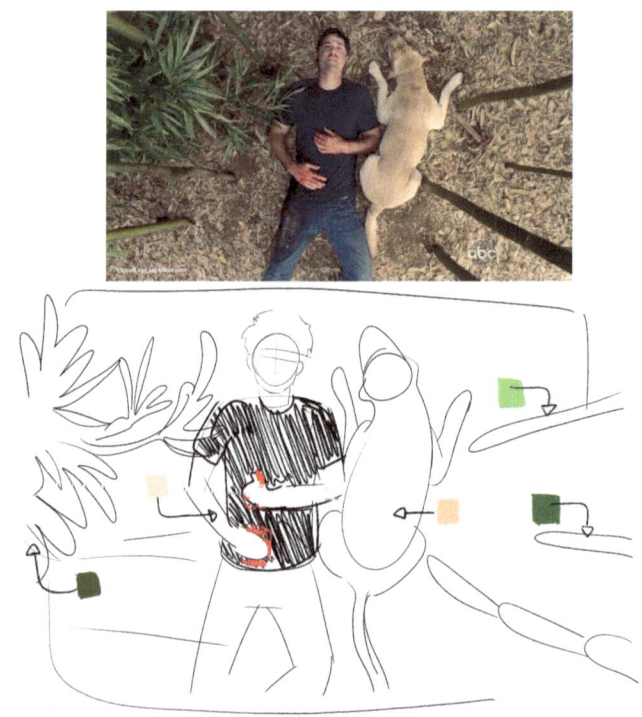

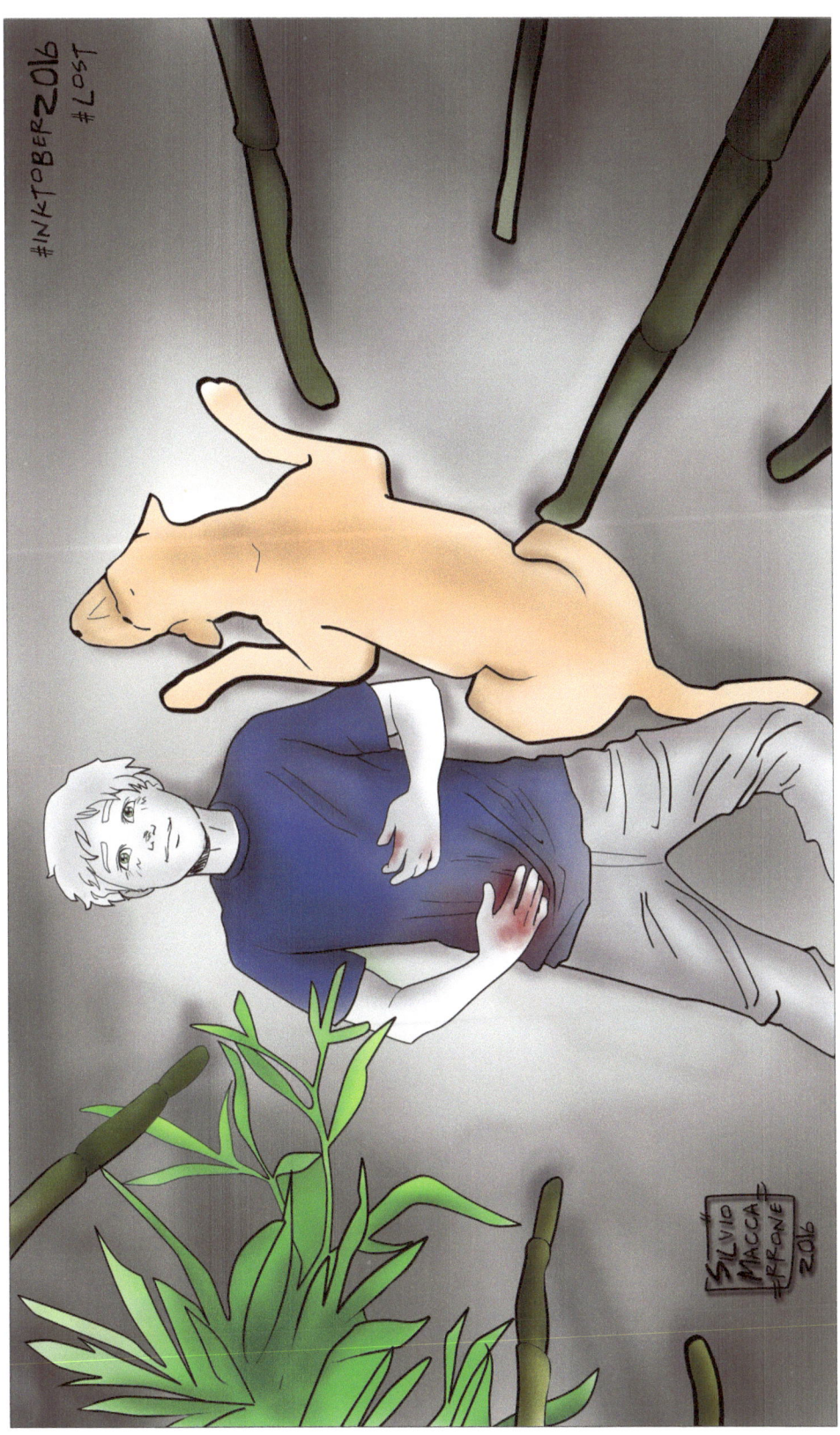

inktober2016
day 08 "rock"

PROMPT LIST: ROCK (roccia)
roccia
/ròc·cia/
sostantivo femminile

1.
In geologia, aggregato minerale di massa tanto imponente da risultare elemento costitutivo della crosta terrestre.
2.
com.
La parte più dura e coerente della crosta terrestre; anche, ogni massa di pietra viva che affiori dalla superficie terrestre: r. scoscese, dirupate, aguzze; alpinismo da r.; arrampicata su r.; chiodi, scarpe da r.

DRAWING: Rock/roccia, Fan Art. Roccia, Fantastici 4, La Cosa (Ben Grimm). Marvel Comics.

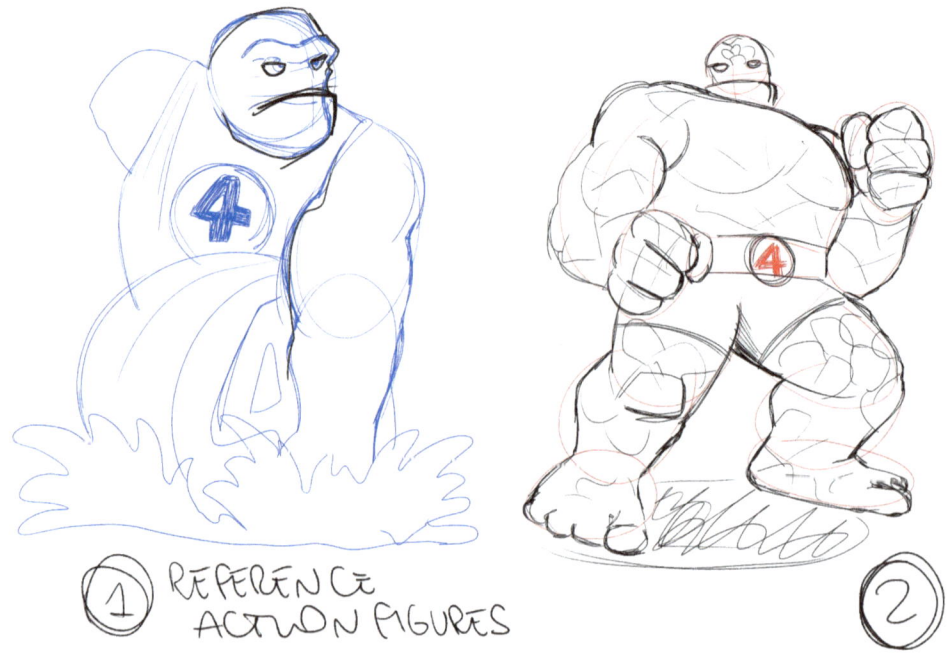

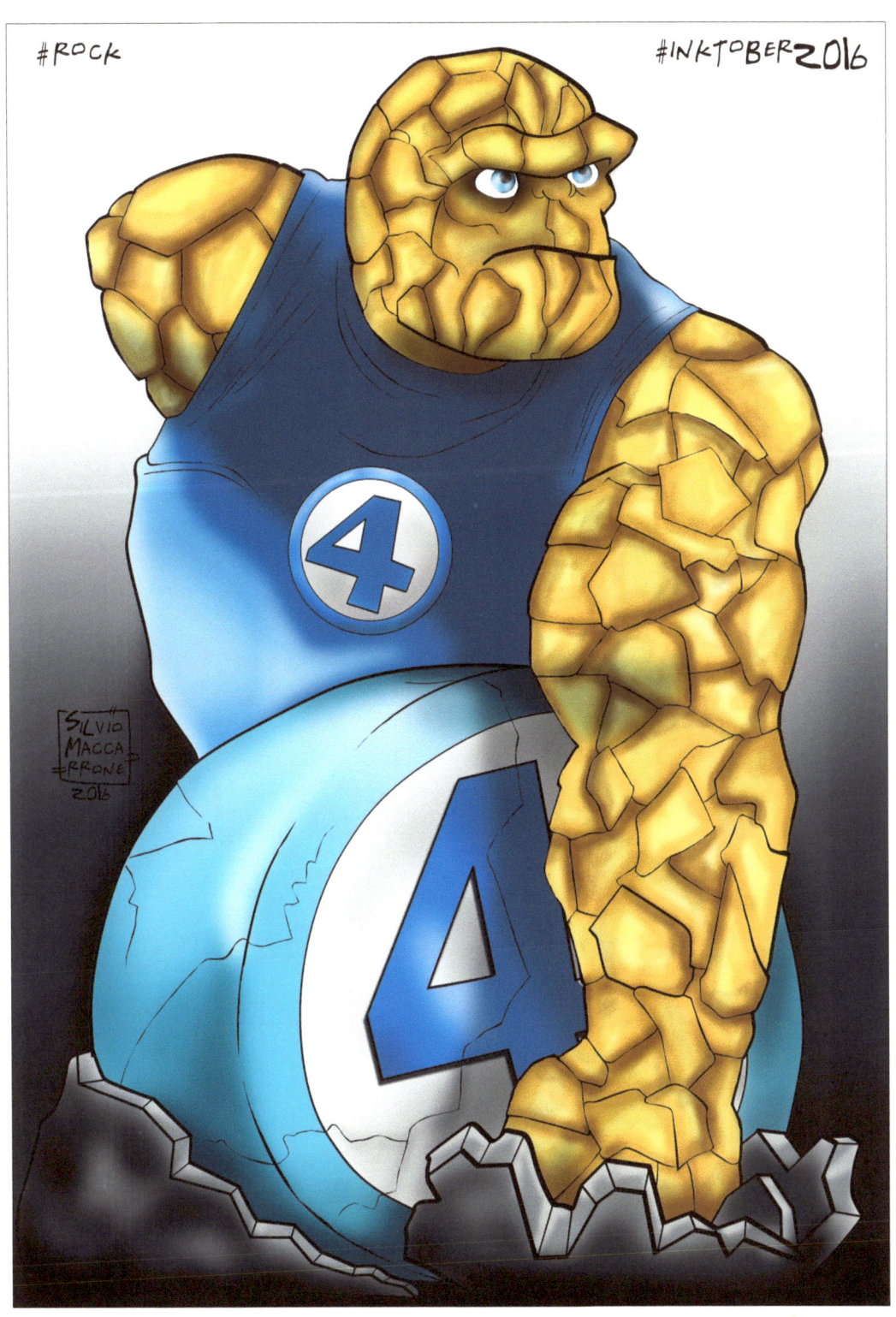

inktober2016
day 09 "broken"

PROMPT LIST: BROKEN (rotto/spezzato)
rotto
/rót·to/
aggettivo e sostantivo maschile

1.
   aggettivo
   Di cosa, che ha perduto la propria integrità e quindi, di solito, anche la propria funzionalità; spezzato, spaccato: scarpe r.; un bicchiere, un vaso r., andato in frantumi, infranto, o anche soltanto sbeccato, scheggiato; calze r., pantaloni r., bucati, strappati; avere una gamba r., un braccio r., fratturati; sentirsi le ossa r., indolenzite per la fatica o la posizione incomoda.
   Di apparecchio, strumento, ecc., fuori uso, guasto.
   "un televisore r."

DRAWING: Broken/rotto, Fan Art. Harley Quinn, DC Comics.
Rotto, inteso come anima spezzata, mente (rotta) psicologicamente instabile.

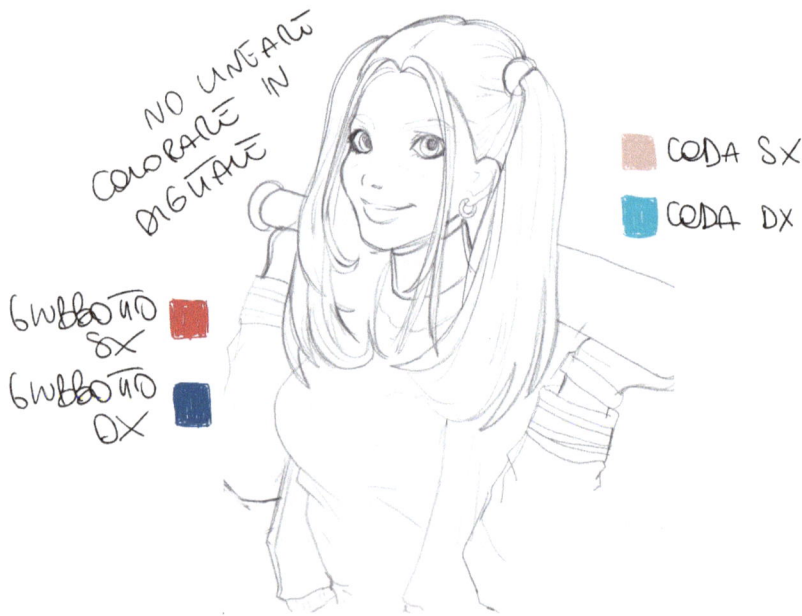

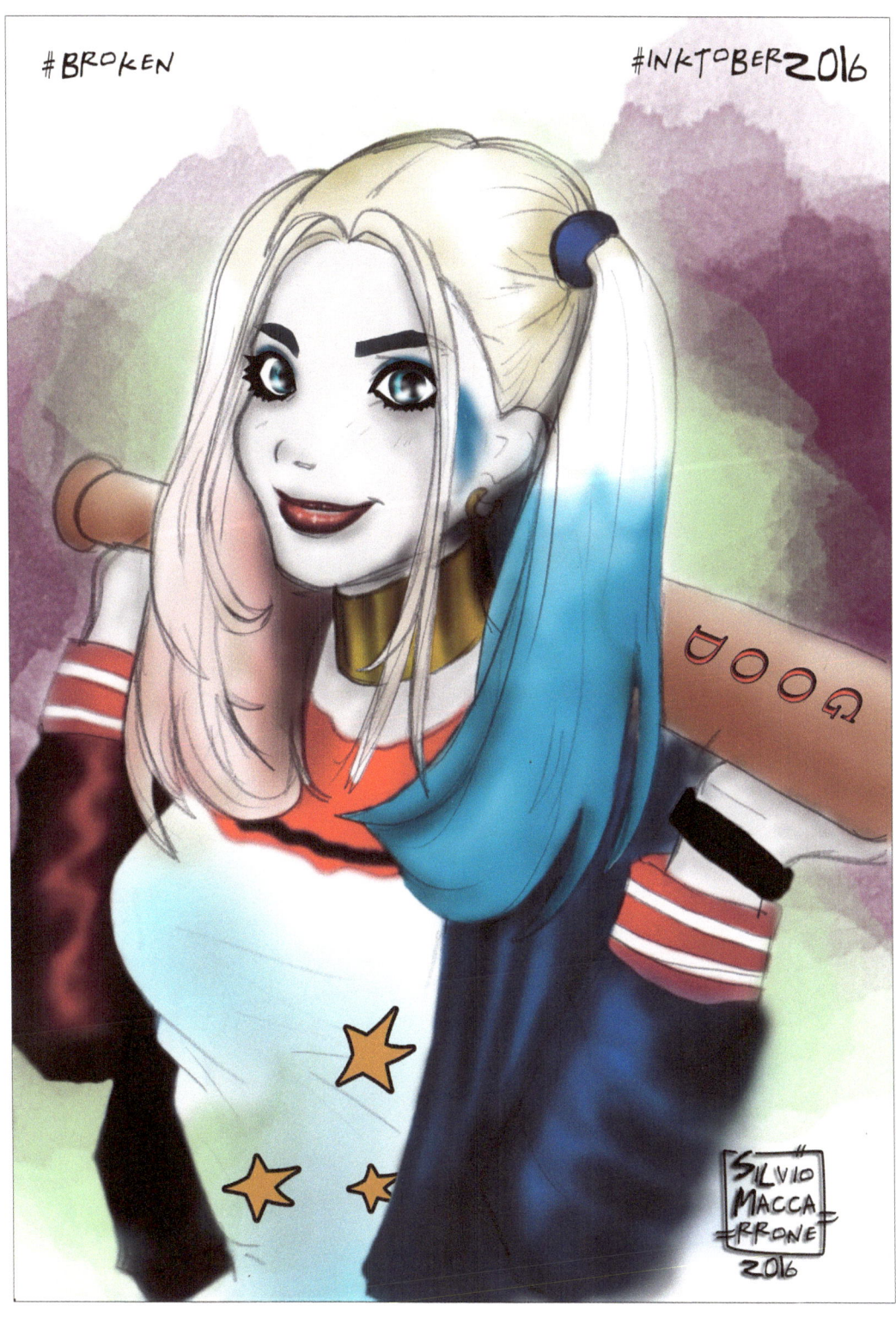

inktober2016
day 10 "jump"

PROMPT LIST: JUMP (saltare)
saltare
/sal·tà·re/
intransitivo

1.
(aus. avere). Staccarsi da terra in una successione di movimenti comprendente lo slancio, l'elevazione e la ricaduta: ai bambini piace s. per gioco; il mio gatto salta in giro per casa; s. a piedi giunti; s. a piè pari (fig., tralasciare qualcosa passando oltre: abbiamo saltato a piè pari il primo capitolo del manuale); s. sul piede destro, sinistro, facendo leva per lo slancio sull'uno o sull'altro; s. su un piede solo, tenendo l'altro sollevato e inerte.
2.
(aus. essere). Staccarsi da terra per raggiungere una superficie posta in alto, in avanti o in basso; balzare (anche + da): s. dalla finestra; + su, in, anche + da.
"saltai da terra sulla sedia"
transitivo

DRAWING: Jump/saltare, Fan Art. Iron Fist, Marvel Comics..
In qualità di "Arma Immortale", PIron Fist è il maggior esperto di arti marziali del pianeta: è stato addestrato in tutte le tecniche di combattimento corpo a corpo esistenti sulla Terra.

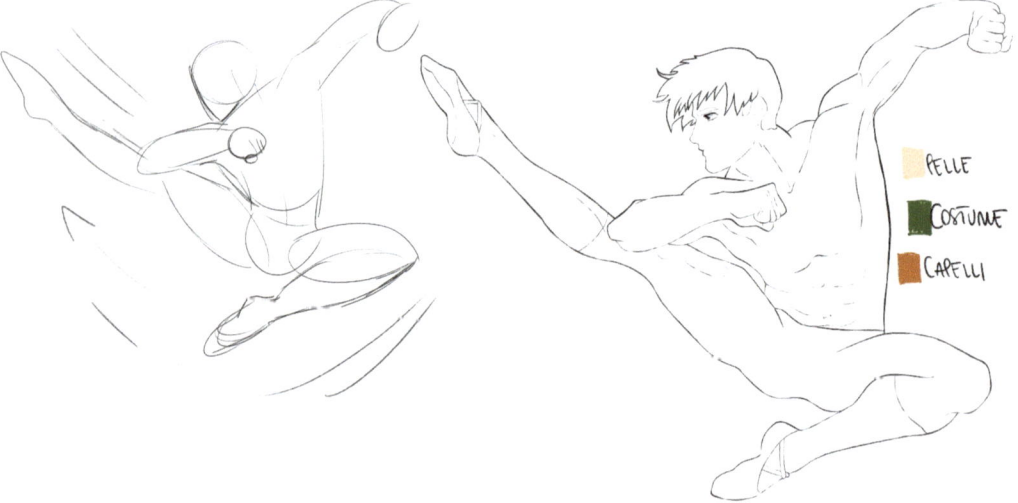

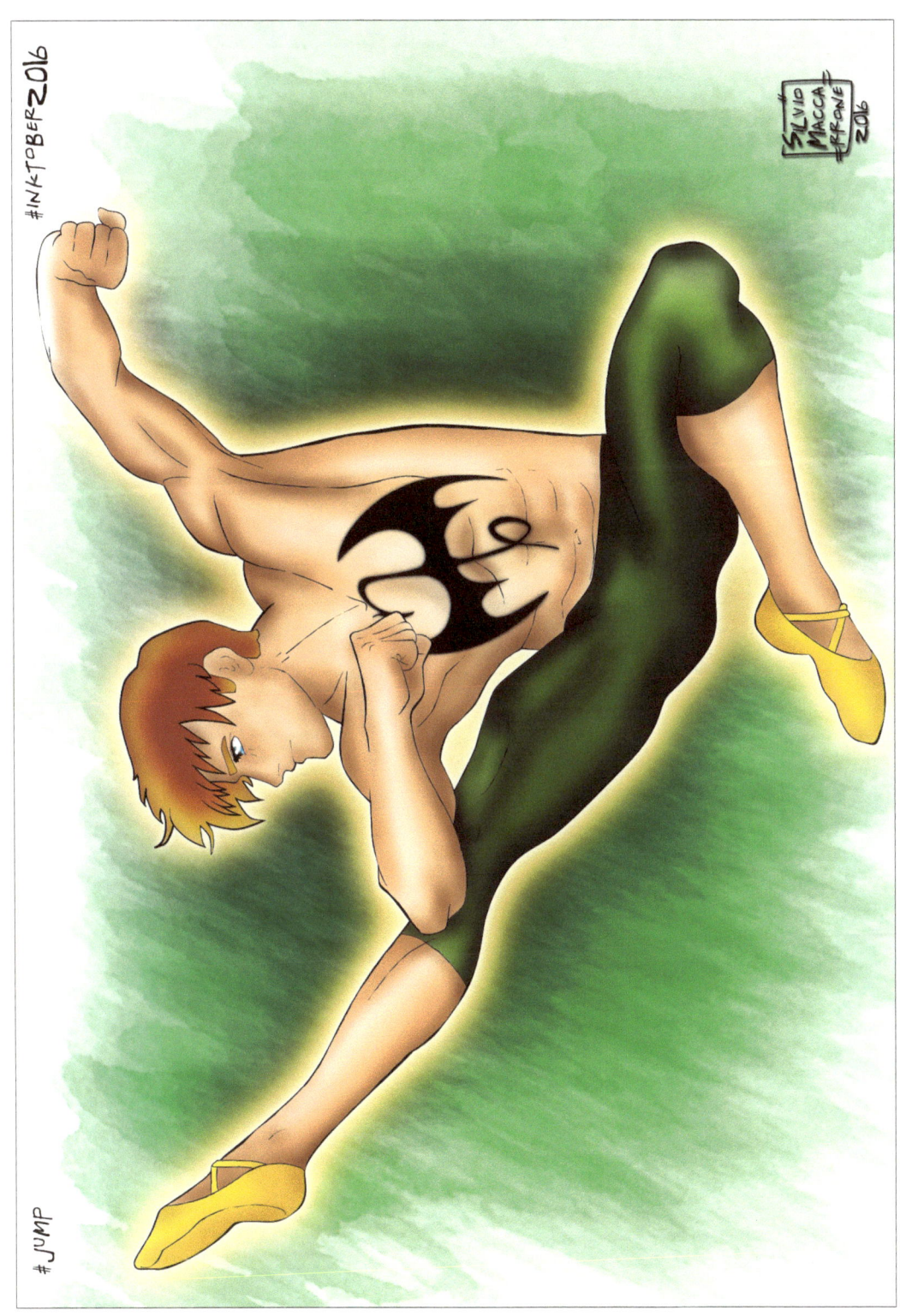

inktober2016
day 11 "transport"

PROMPT LIST: TRANSPORT (trasporto)
trasporto
/tra·spòr·to/
sostantivo maschile

1.
Trasferimento di cose o persone mediante mezzi a ciò destinati.
"un servizio organizzato per il t. dei feriti"
2.
fig.
Impulso riconducibile a una varietà di sentimenti: in un t. di sdegno, d'ira, di generosità; assol., fervore appassionato, dedizione incondizionata.
"lo abbracciò con t."

DRAWING: Transport/trasporto, Fan Art. La Storia Infinita.
Ne "La Storia Infinita", Atreyu – dopo la morte del cavallo Artax, nelle Paludi della tristezza – viene aiutato dal drago Falcor ad attraversare in volo le lunghe distanze nel regno di Fantàsia.

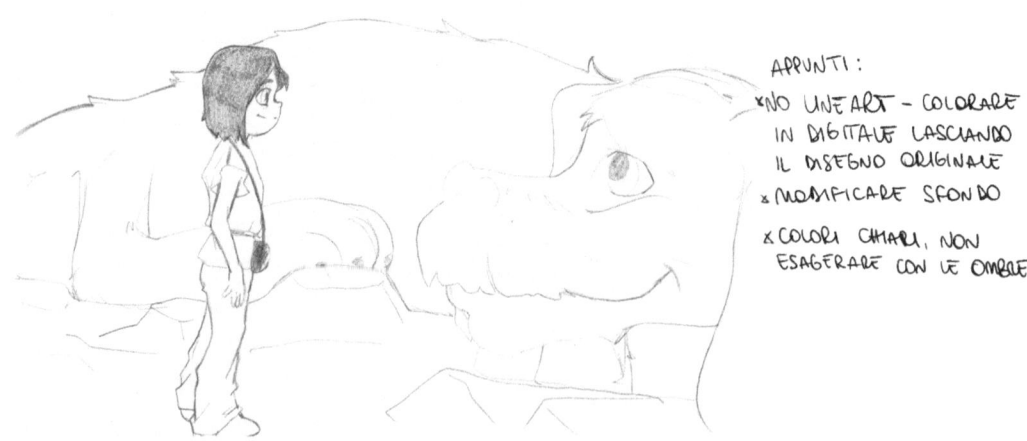

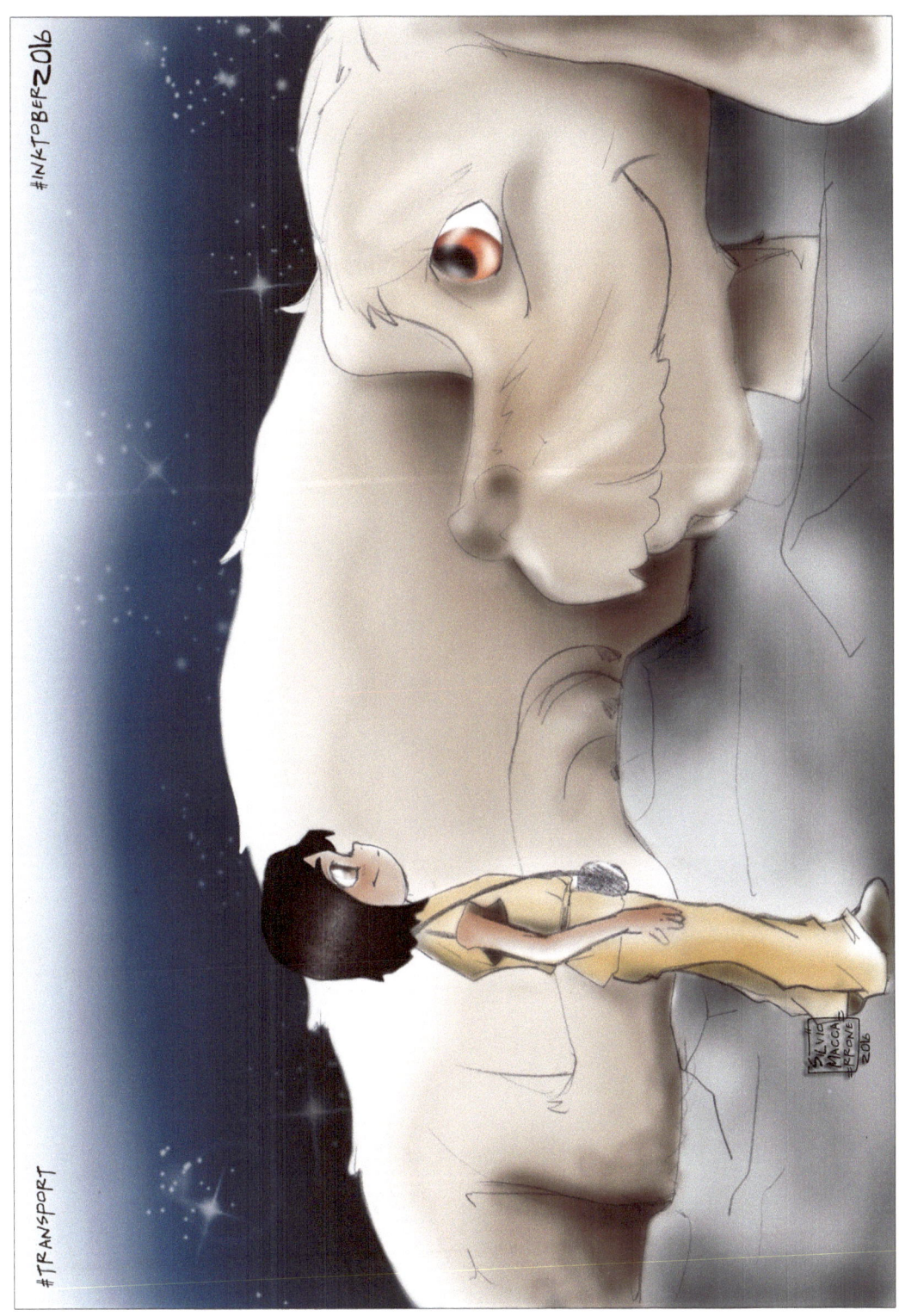

inktober2016
day 12 "worried"

PROMPT LIST: WORRIED (preoccupato)
preoccupato
/pre·oc·cu·pà·to/
aggettivo

   Che ha preoccupazioni, che si trova in uno stato di ansia, di apprensione, di timore; ansioso, timoroso, inquieto (anche + per).
  "ti vedo p."
    Che rivela preoccupazione.

DRAWING: Worried/preoccupato, Fan Art. Woody, Toy Story, Disney.

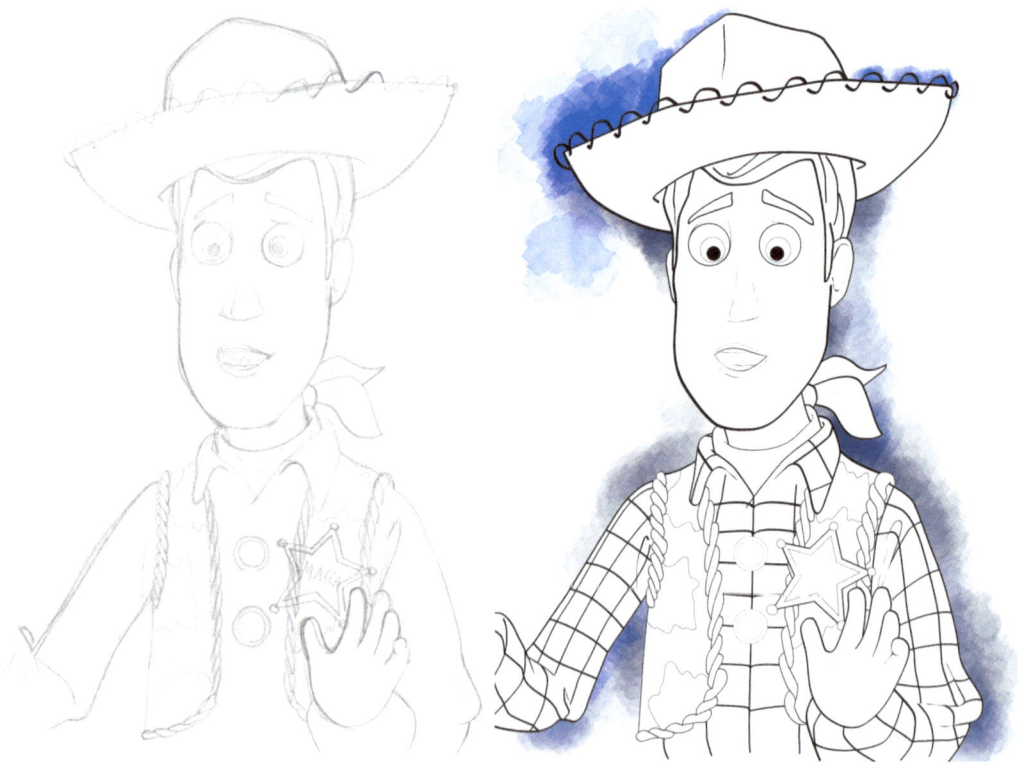

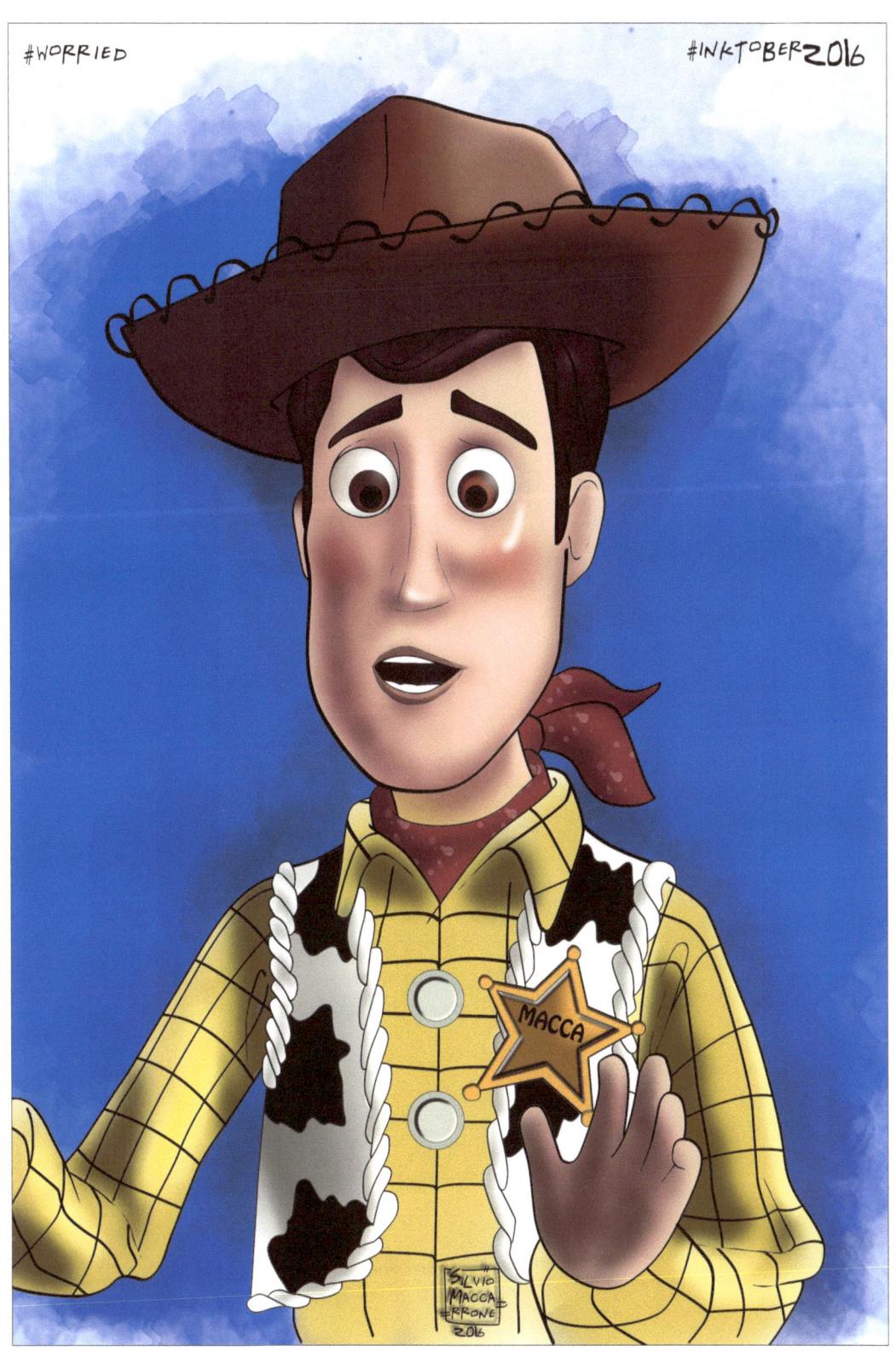

inktober2016
day 13 "scared"

PROMPT LIST: SCARED (impaurito)
impaurire
/im·pau·rì·re/
transitivo

   Incutere spavento, sgomento, apprensione; spaventare.
Impaurito è una forma del verbo impaurire (participio passato). Impaurito è un aggettivo qualificativo. Forme per genere e per numero: impaurita (femminile singolare); impauriti (maschile plurale); impaurite (femminile plurale).

DRAWING: Scared/impaurito, Fan Art. Paura, Inside Out, Disney/Pixar.
Nel film Disney/Pixar, Paura è l'emozione che protegge Riley (la protagonista) dai pericoli. Insieme a Rabbia è l'altra emozione di Riley a essere di sesso maschile. È molto nervoso e tende a spaventarsi facilmente.

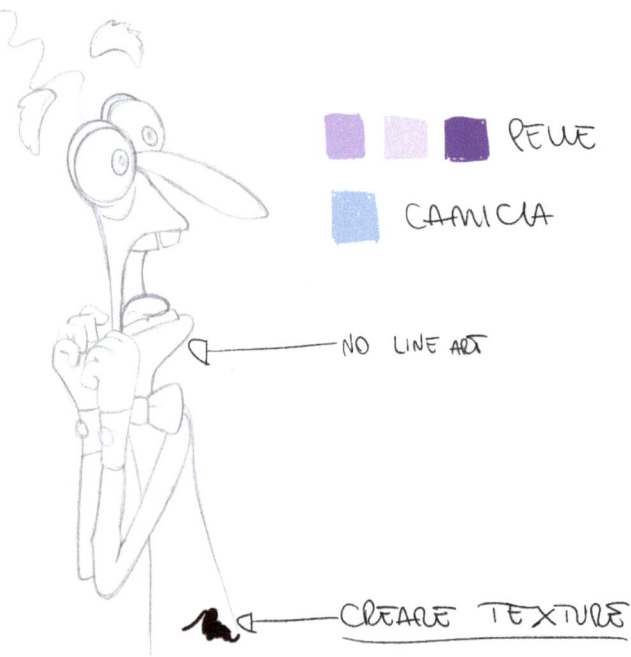

#SCARED #INKTOBER2016

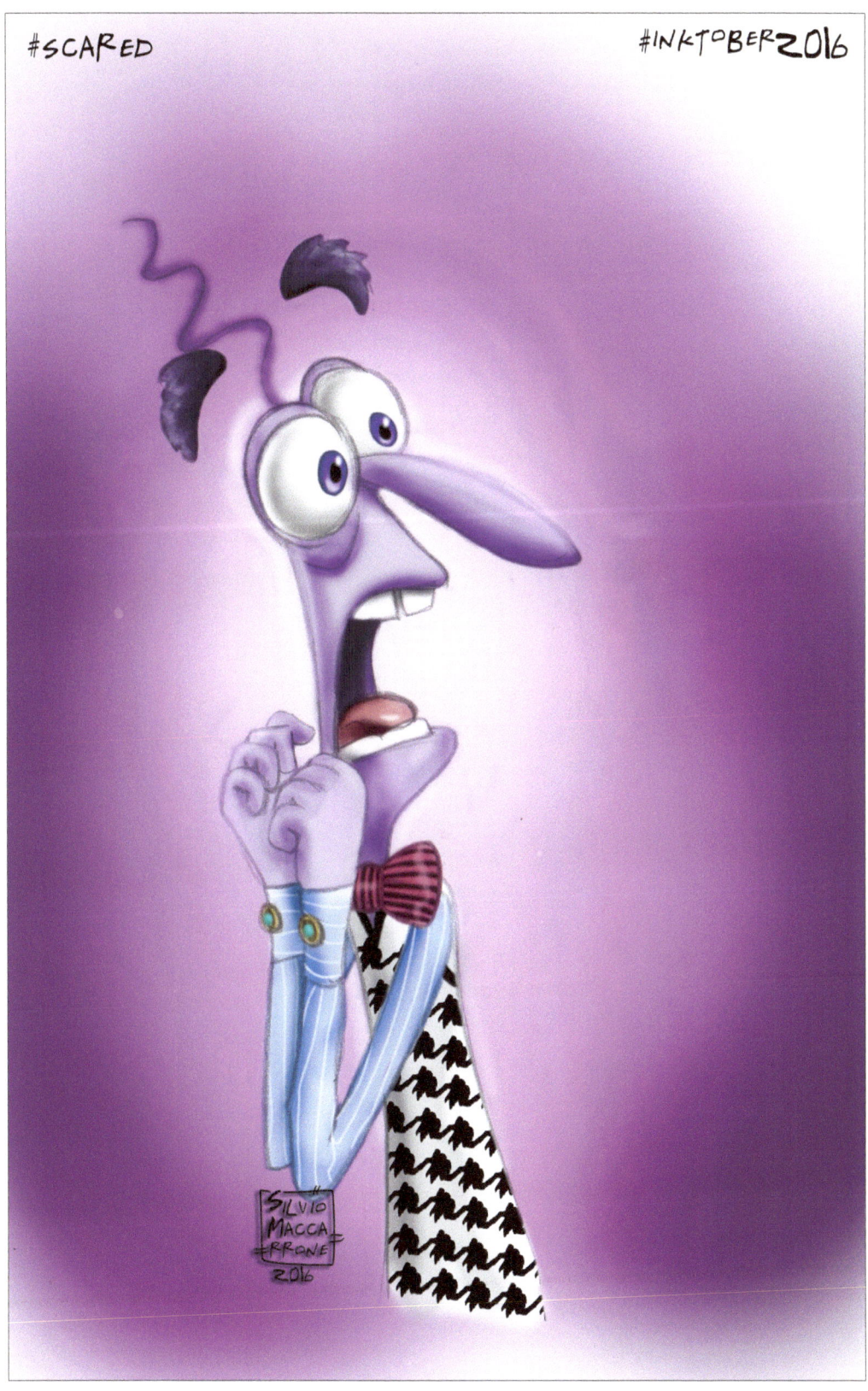

inktober2016 day 14 "tree"

PROMPT LIST: TREE (albero)
albero1
/àl·be·ro/
sostantivo maschile

1.
   Nome generico delle piante perenni con fusto eretto legnoso (detto tronco o stipite) che a qualche distanza dal suolo presenta ramificazioni di vario ordine, recanti a loro volta foglie persistenti o caduche, semplici o composte; i rami e le foglie costituiscono la chioma, che assume forme diverse, generiche o tipiche (globosa, conica, ad ombrello, piangente, ecc.).
   "alberi da frutto"

DRAWING: Tree/albero, Fan Art. Nonna Salice, Pocahontas, Disney.
Nonna Salice è un vecchio salice posto sopra un lago. Rappresenta la comunione degli indiani con la natura. È una creatura saggia e gentile. Vuole molto bene a Pocahontas, e perciò cerca sempre di darle consigli per andare avanti con la sua vita nel migliore dei modi (fonte: Wikipedia).

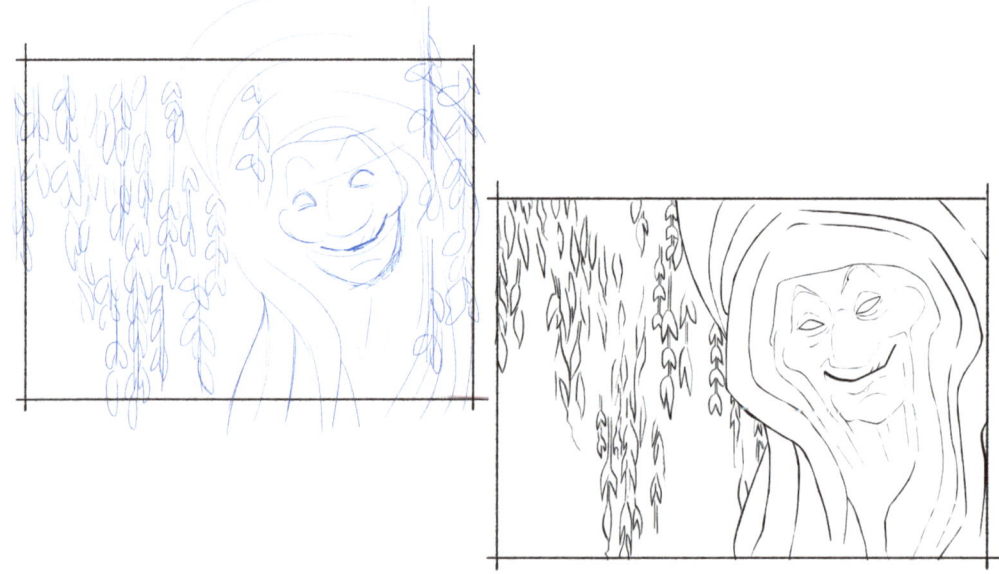

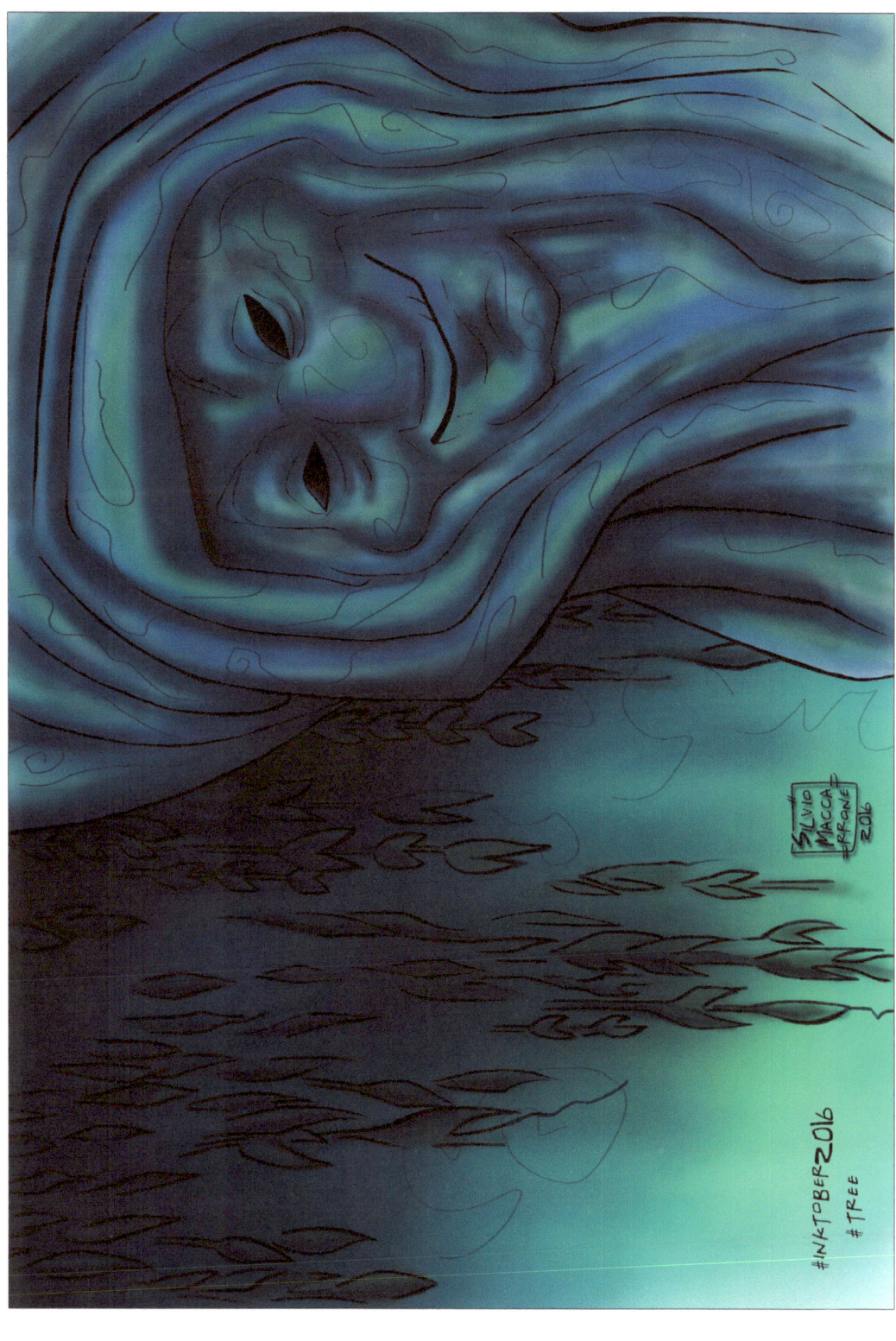

inktober2016
day 15 "relax"

PROMPT LIST: RELAX (rilassare)
rilassare
/ri·las·sà·re/
transitivo

1.
Allentare la tensione fisica o psichica, distendere: r. i nervi, i muscoli; anche assol..
"la camomilla rilassa"
2.
Rendere meno rigido e severo, attenuare.
"r. la sorveglianza"

riflessivo
Liberarsi della tensione fisica o psichica, distendersi.
"sei nervoso: rilàssati"

DRAWING: Relax/rilassare, Fan Art. Wonder Woman, DC Comics.

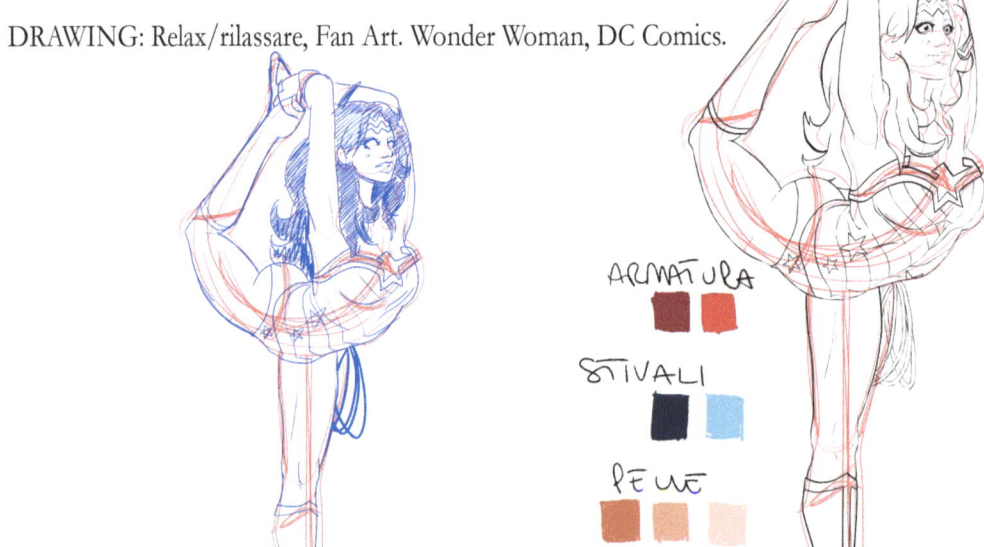

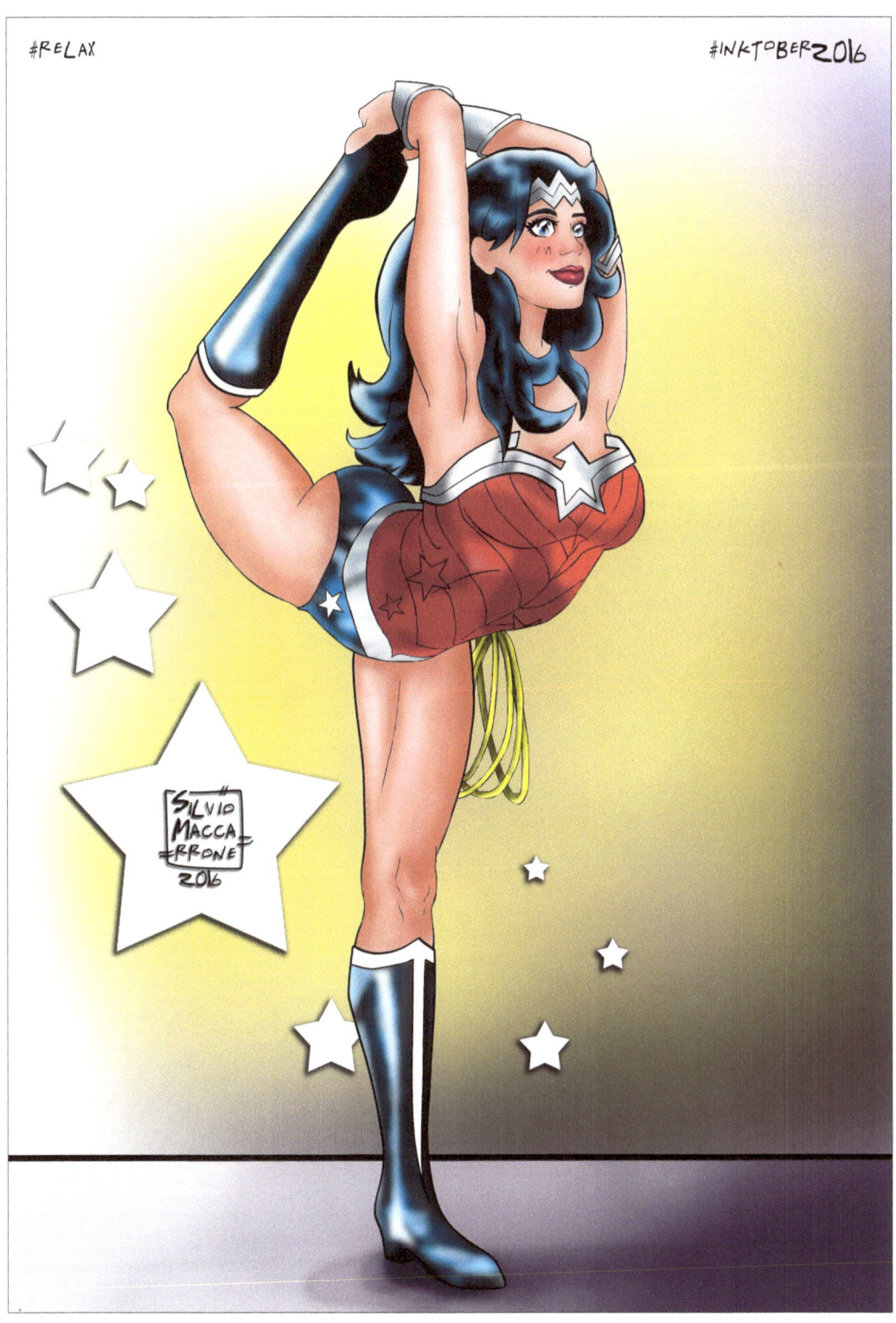

inktober2016
day 16 "wet"

PROMPT LIST: WET (bagnato)
bagnato
/ba·gnà·to/
aggettivo e sostantivo maschile

1.
aggettivo
Cosparso o intriso d'acqua o di altro liquido; inumidito, ammollato (anche + di).
"la macchina ha slittato sulla strada b."
   Pulcino bagnato, vedi pulcino.
2.
sostantivo maschile
Terreno cosparso d'acqua.
"scivolare sul b."
   Piovere sul bagnato, vedi piovere.

DRAWING: Wet/bagnato, Fan Art. Aquaman, DC Comics.

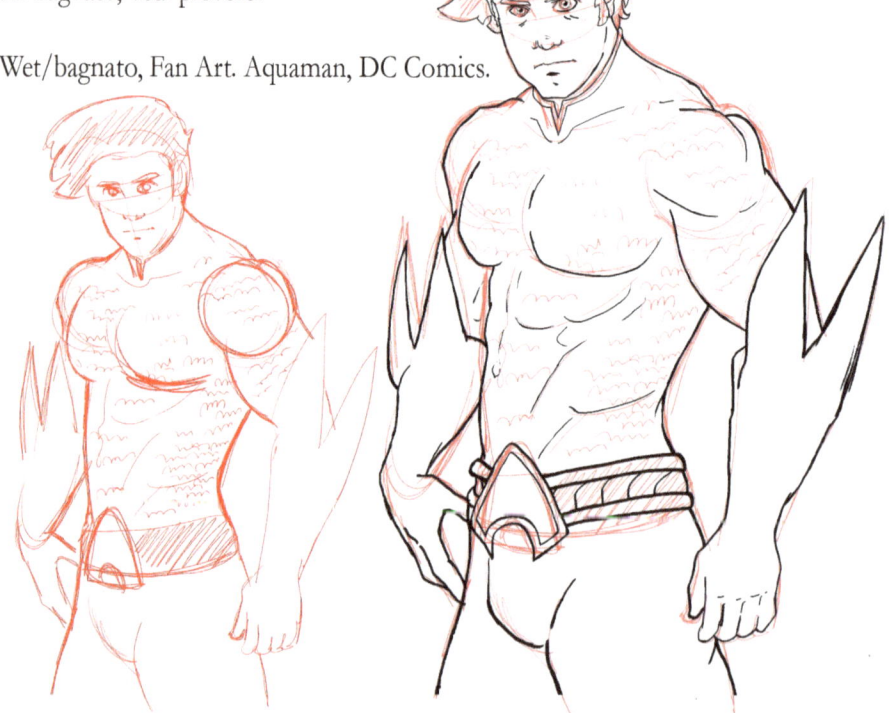

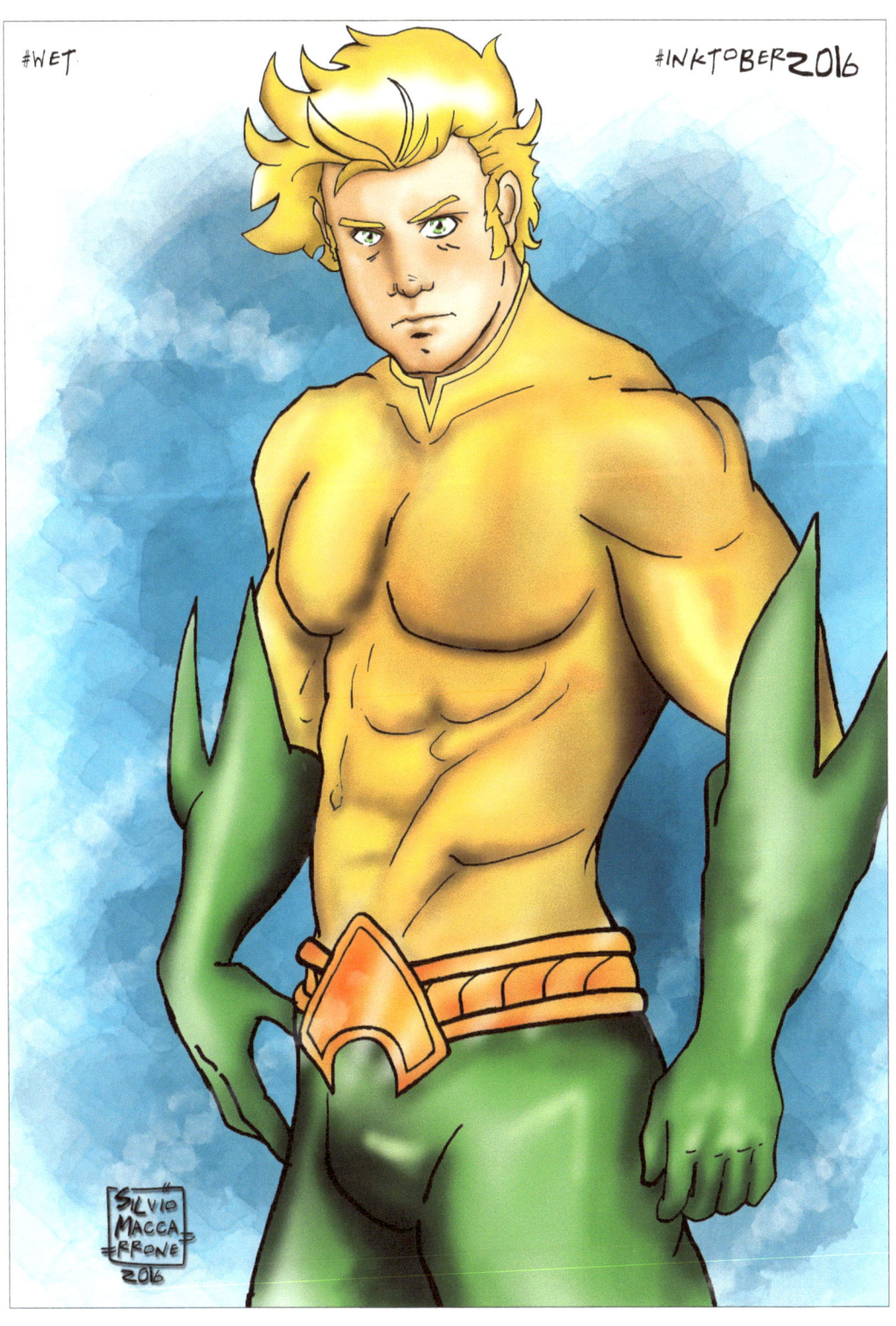

inktober2016
day 17 "battle"

PROMPT LIST: BATTLE (battaglia)
battaglia
/bat·tà·glia/
sostantivo femminile

1.
   Scontro decisivo o importante fra grosse unità nemiche: dare, muovere, attaccar b.; la b. del Piave; b. aerea, navale, terrestre; b. difensiva, condotta da un esercito che subisce l'iniziativa dell'avversario; entrare in b., spec. di forze nuove che vengono impegnate quando la battaglia è in corso.
2.
fig.
Contrasto vissuto a fondo tra due o più gruppi per questioni spec. politiche o d'interesse.

DRAWING: Battle/battaglia Fan Art. Daenerys Targaryen, Game of Thrones.
Anni prima del series finale del Trono di Spade, al concetto di "battaglia", quando la prompt list dettava la parola "battle", ho pensato subito allo spirito combativo di Daenerys Targaryen. Inconsapevole che nel serie finale sarebbe diventata una pazza.

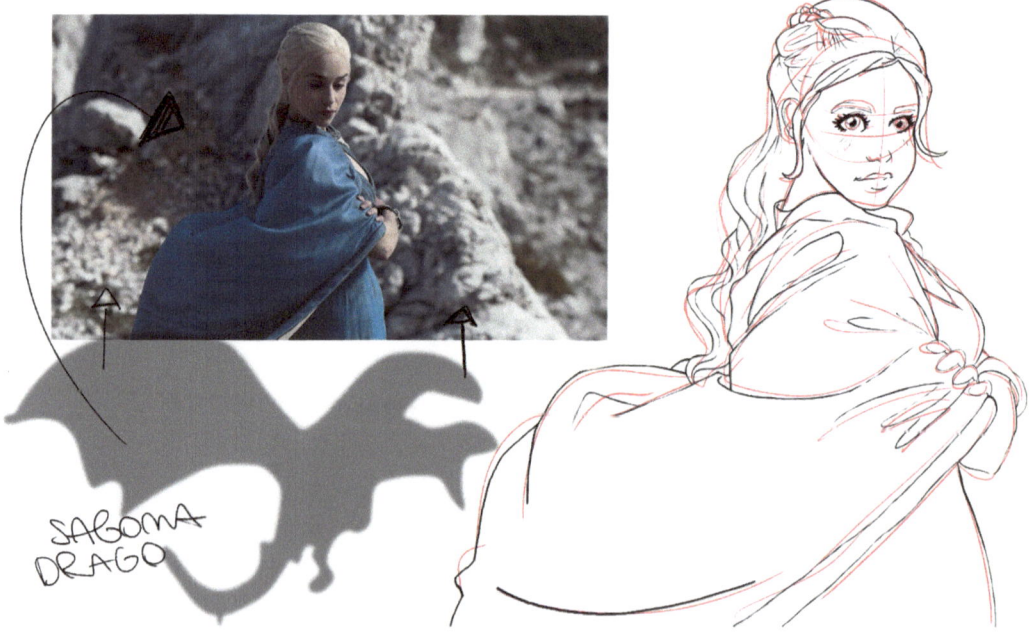

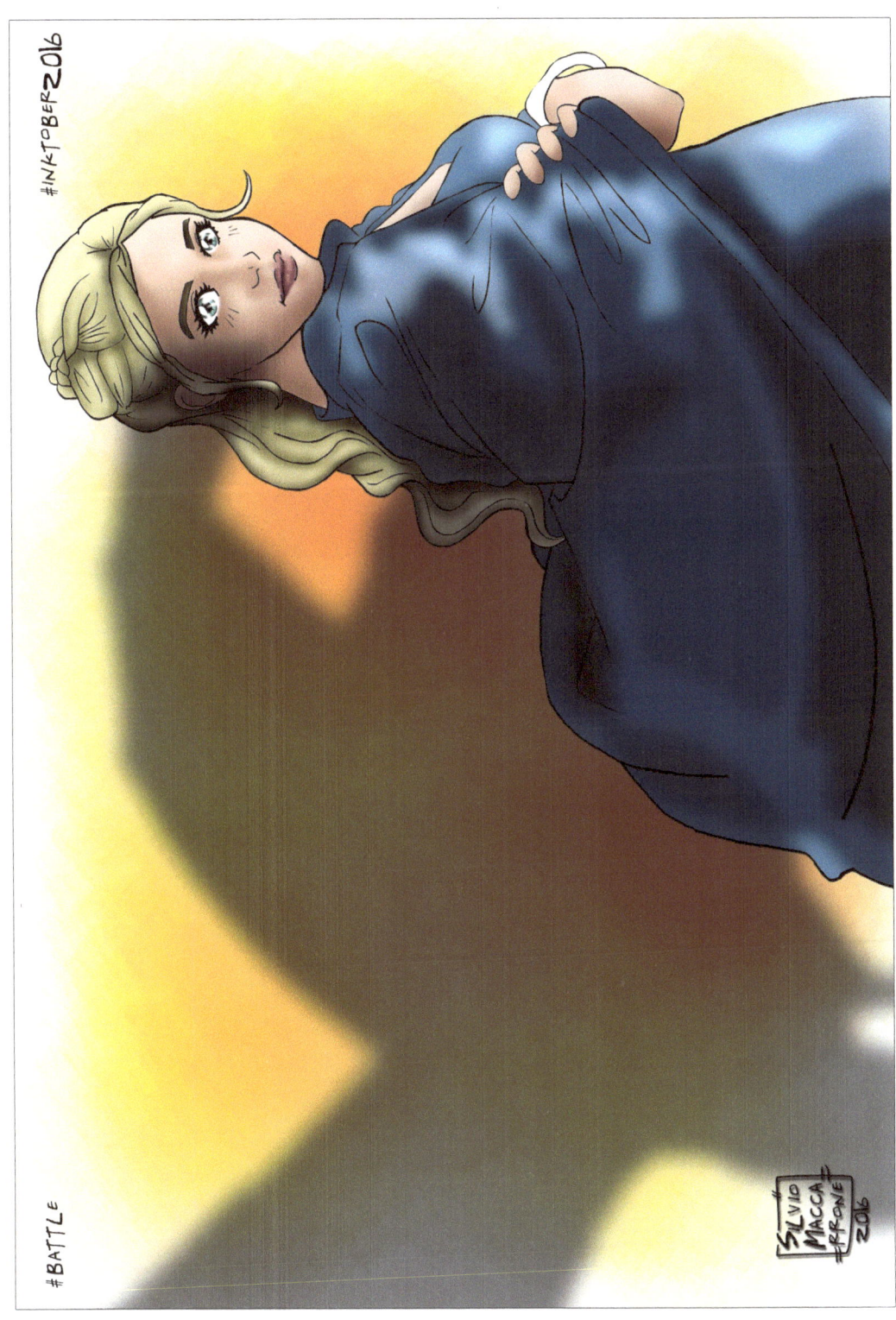

inktober2016
day 18 "escape"

PROMPT LIST: ESCAPE (fuga)
fuga
/fù·ga/
sostantivo femminile

1.
   Improvviso, precipitoso o segreto abbandono di un luogo, imposto da gravi motivi, non sempre giustificabili moralmente.

DRAWING: Escape/fuga, Fan Art. Ape escape.
Ape Escape è il titolo di una serie di videogiochi prodotti da Sony Computer Entertainment; il primo gioco della serie è uscito nel 1999 per PlayStation.

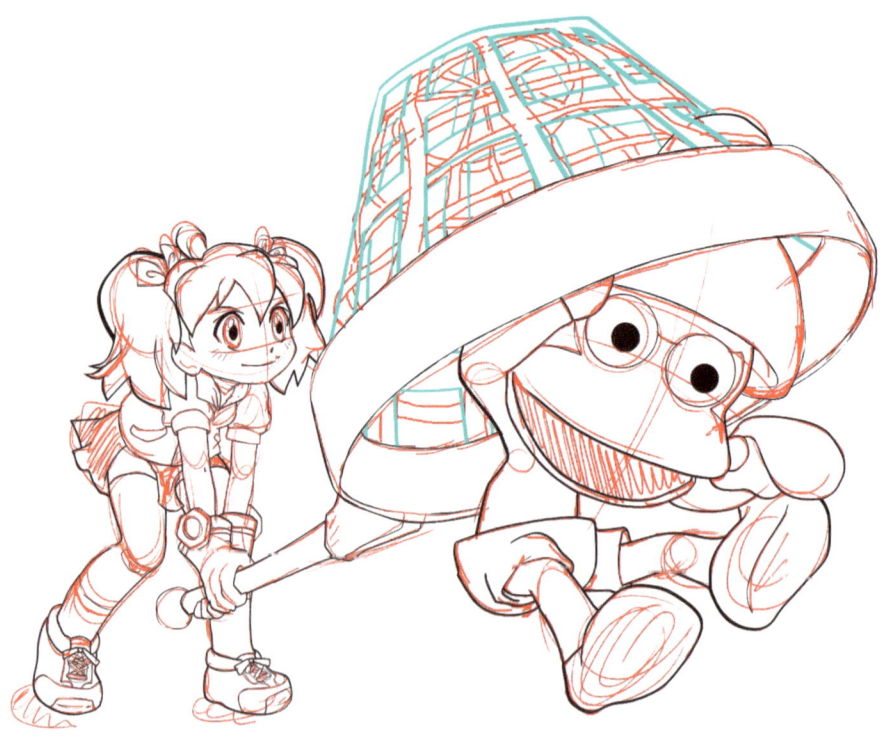

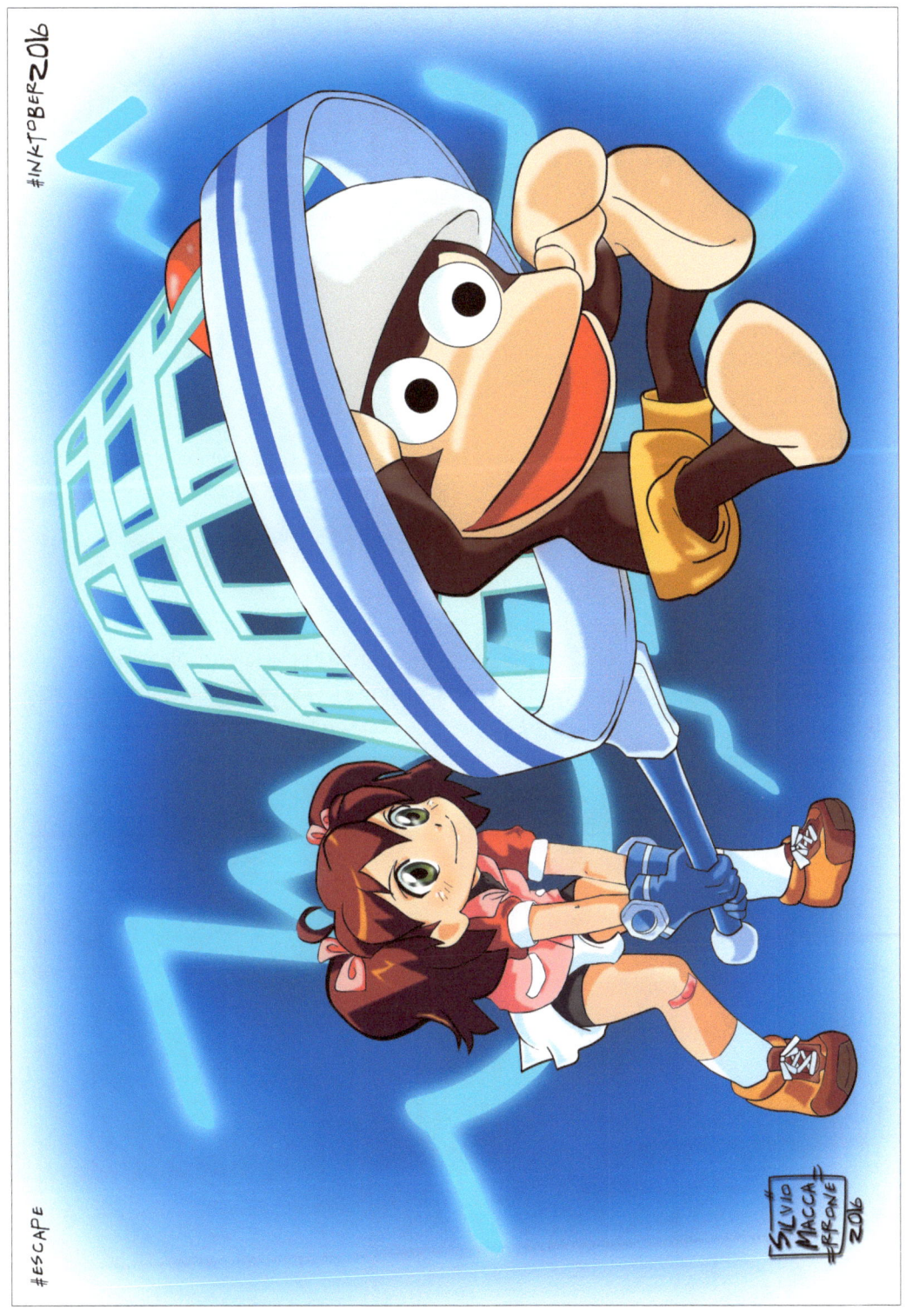

inktober2016
day 19 "flight"

PROMPT LIST: FLIGHT (volo)
volo
/vó·lo/
sostantivo maschile

1.
    Sostentamento e spostamento nell'aria, con particolare riferimento ad animali forniti di ali o ad aeromobili: spiccare, pigliare il v.; spiegare il v.; tiro a v. (vedi tiro); da Roma a Londra sono quasi due ore di v.; nell'acrobazia aerea.

DRAWING: Flight/volo, Fan Art. Angelo, X-Men, Marvel Comics.
La mutazione principale di Angel consiste in un paio d'ali dotate di forza sovrumana e una struttura ossea molto flessibile, tanto da renderle quasi invisibili quando ripiegate sotto gli abiti. Come ogni volatile la sua struttura ossea è completamente cava, mentre il suo corpo digerisce il cibo molto più efficientemente rispetto al normale, permettendogli di non immagazzinare grasso in eccesso. La mutazione gli conferisce inoltre una muscolatura più sviluppata e potente rispetto alla media ed occhi in grado di non soffrire dell'altissima velocità alla quale vola.

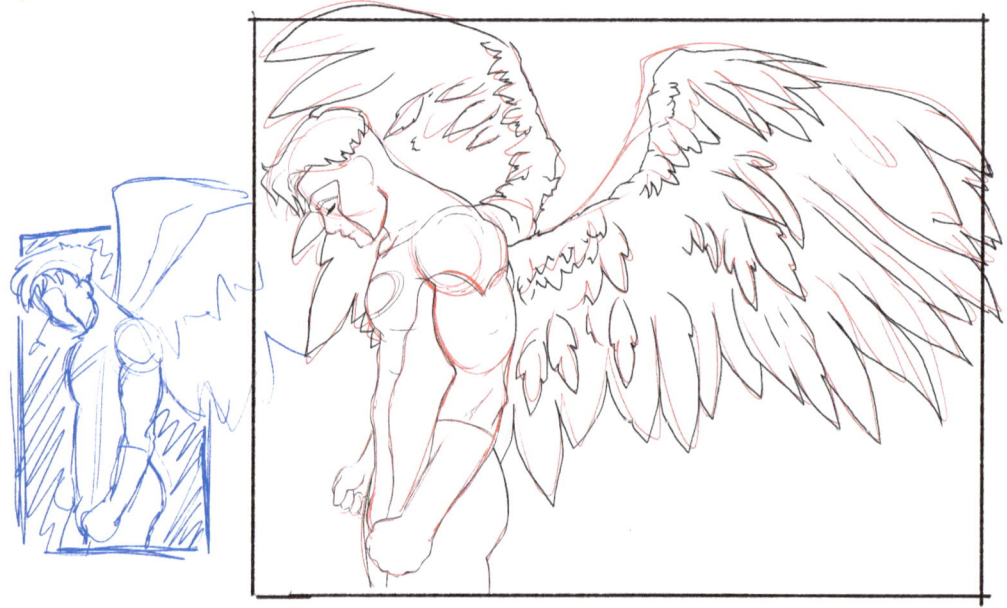

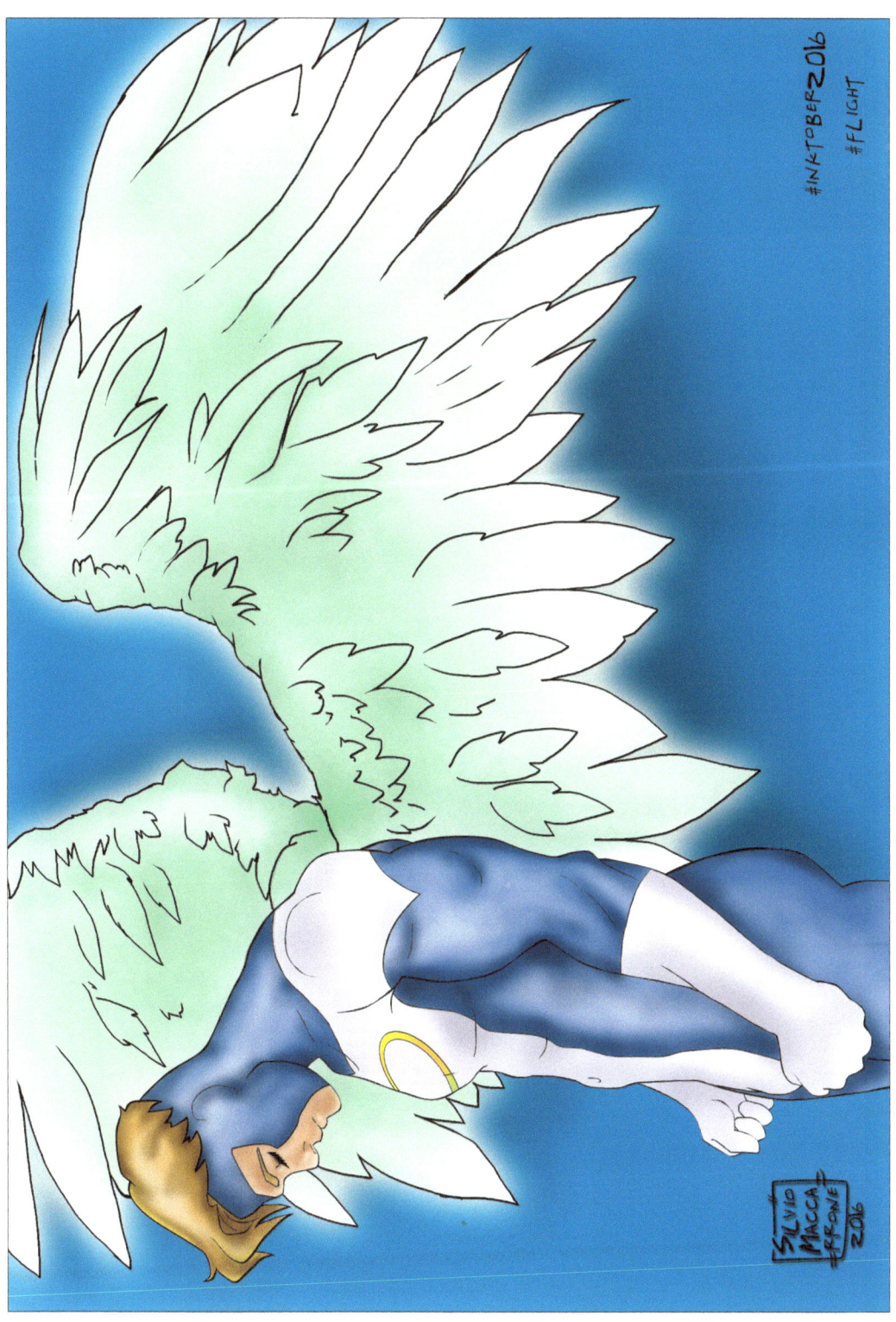

inktober2016
day 20 "squeeze"

PROMPT LIST: SQUEEZE (preoccupato)
spremere
/sprè·me·re/
transitivo

1. Sottoporre a compressione un corpo per estrarne il liquido che contiene: s. un limone; s. le olive; s. un foruncolo, per farne uscire il pus.

DRAWING: Squeeze/spremere, Fan Art. Lilo & Stitch, Disney.
La parola della prompt list del giorno era "spremere"; giocando col suo significato figurato, ho riletto il senso dello spremere, rappresentandolo come un abbraccio sincero tra due amici che si vogliono infinitamente bene.

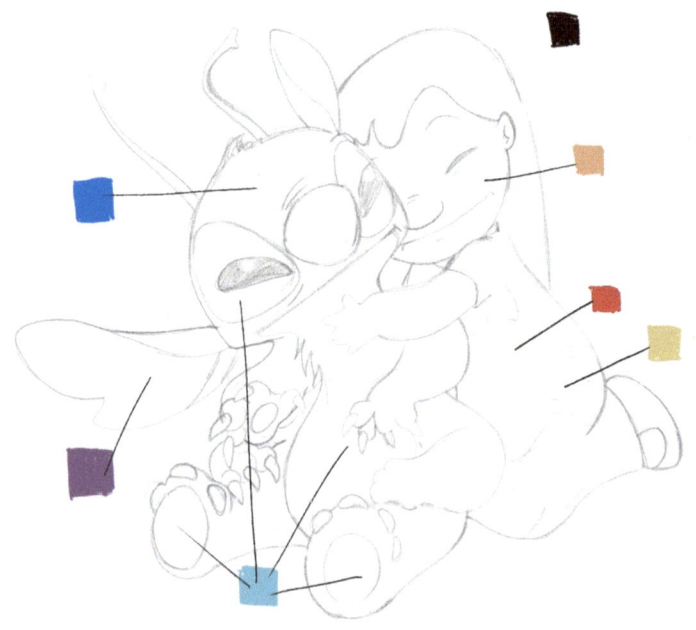

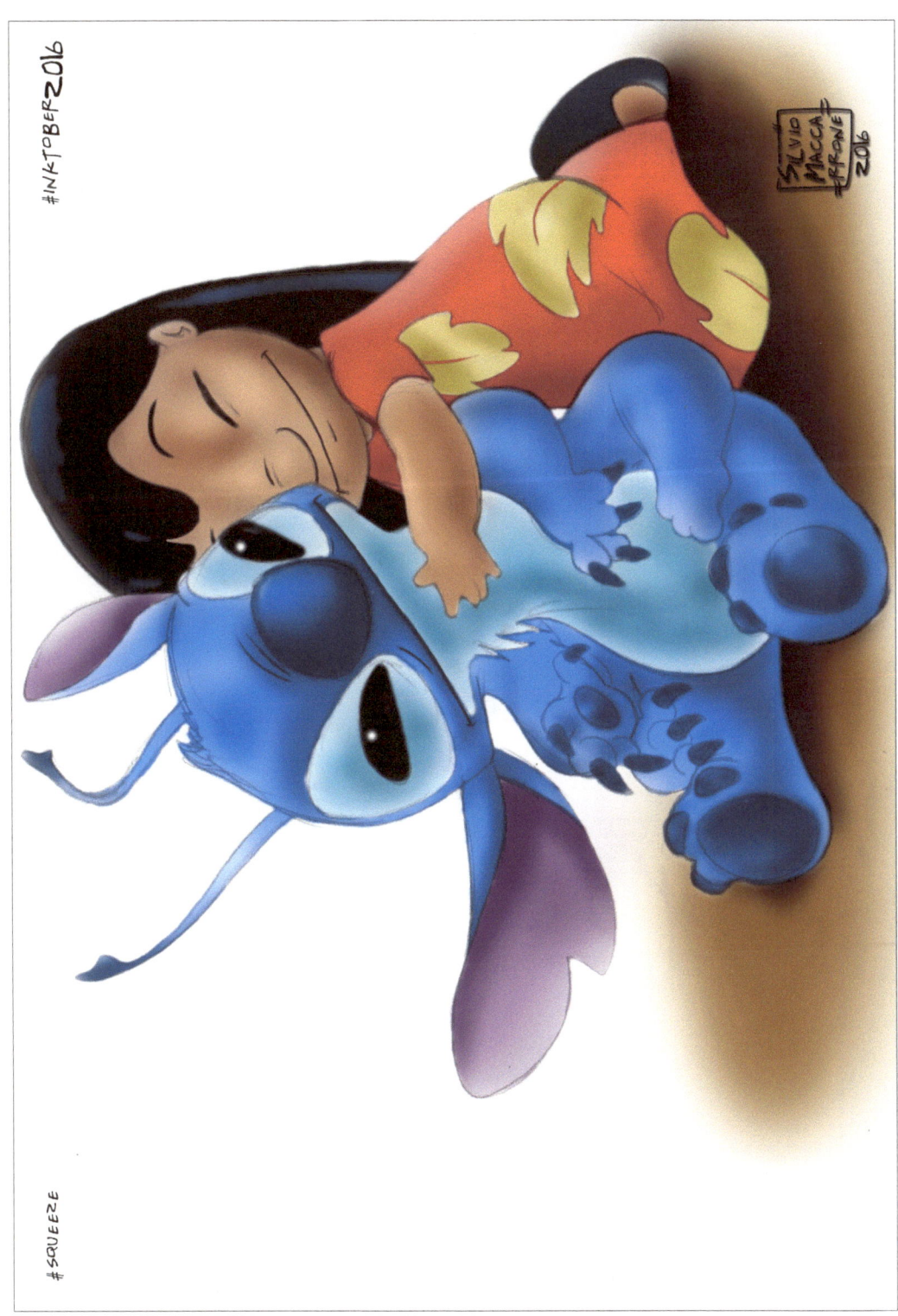

inktober2016
day 21 "big"

PROMPT LIST: BIG (grande)
grande
/gràn·de/
aggettivo

1.
Che supera notevolmente i valori o le dimensioni o le proporzioni consuete: un g. ingegno; una g. montagna, un gran palazzo; seguito da un altro aggettivo ha funzione rafforzativa: una gran bella signora, una gran brutta notizia;
2.
Di persona di meriti eccezionali: un g. capitano; anche s.m. e f..
"seguire l'esempio dei g."
3.
Di statura completamente o assai sviluppata.

DRAWING: Big/grande, Fan Art. Big Hero 6, Disney.

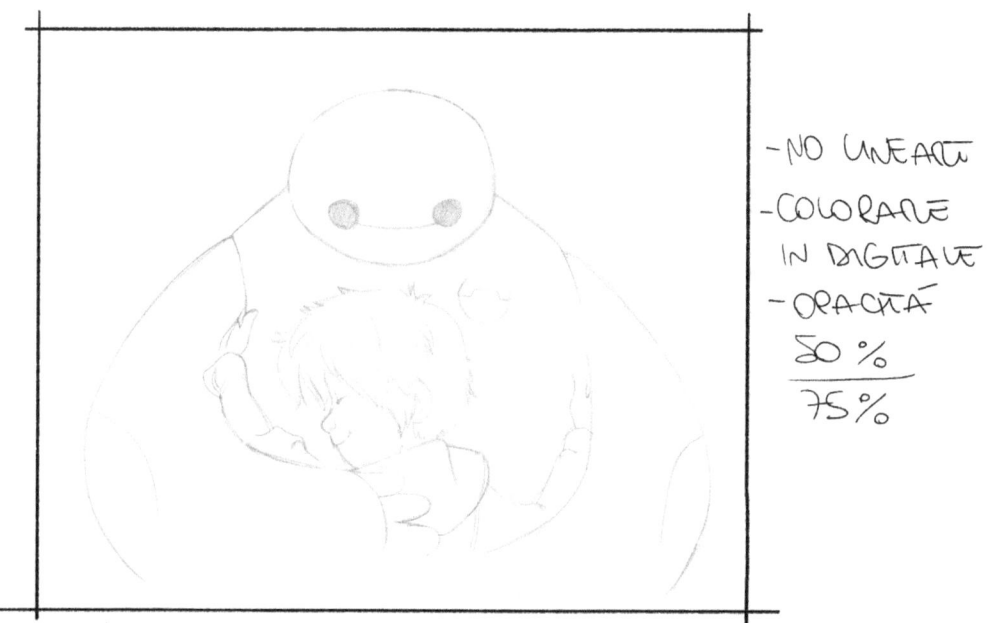

#INKTOBER2016

#BIG

inktober2016
day 22 "little"

PROMPT LIST: LITTLE (piccolo)
piccolo
/pìc·co·lo/
aggettivo

1.
Limitato, o ridotto, in senso assoluto o relativo: camminare a p. passi; un p. lago; una p. spesa; un libro in ottavo p.; un uomo p., di bassa statura.

2.
Di persona o animale di giovane età: ha due figli ancora piccoli; spesso come s.m. (f. -a): il mio p. non sta bene; la cagna con i suoi p.; anche, in contrapposizione con i grandi, considerati come gli adulti.

DRAWING: Little/piccolo, Fan Art. Trilli, Disney/Disney fairies.
Trilli è un personaggio immaginario creato da James Matthew Barrie nella sua popolarissima opera Peter e Wendy, e di conseguenza presente nelle innumerevoli riduzioni cinematografiche, teatrali, fumettistiche ecc. tratte da essa. Si tratta di una piccola fata alata, compagna del protagonista Peter, per il quale nutre un amore ed una gelosia notevoli.

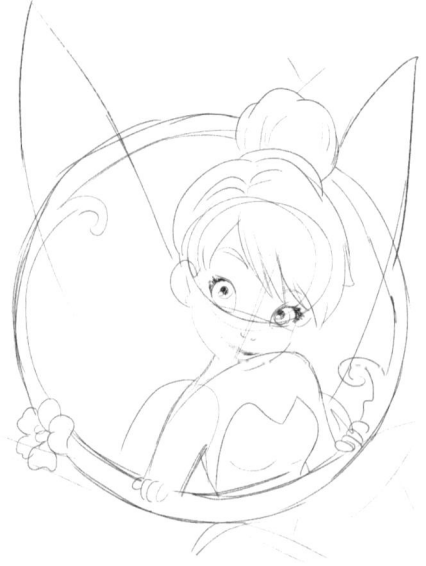
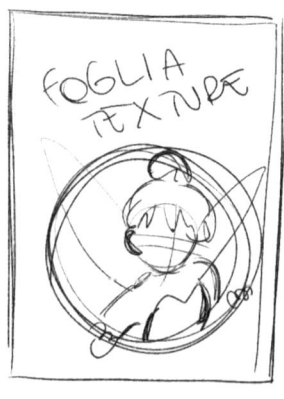

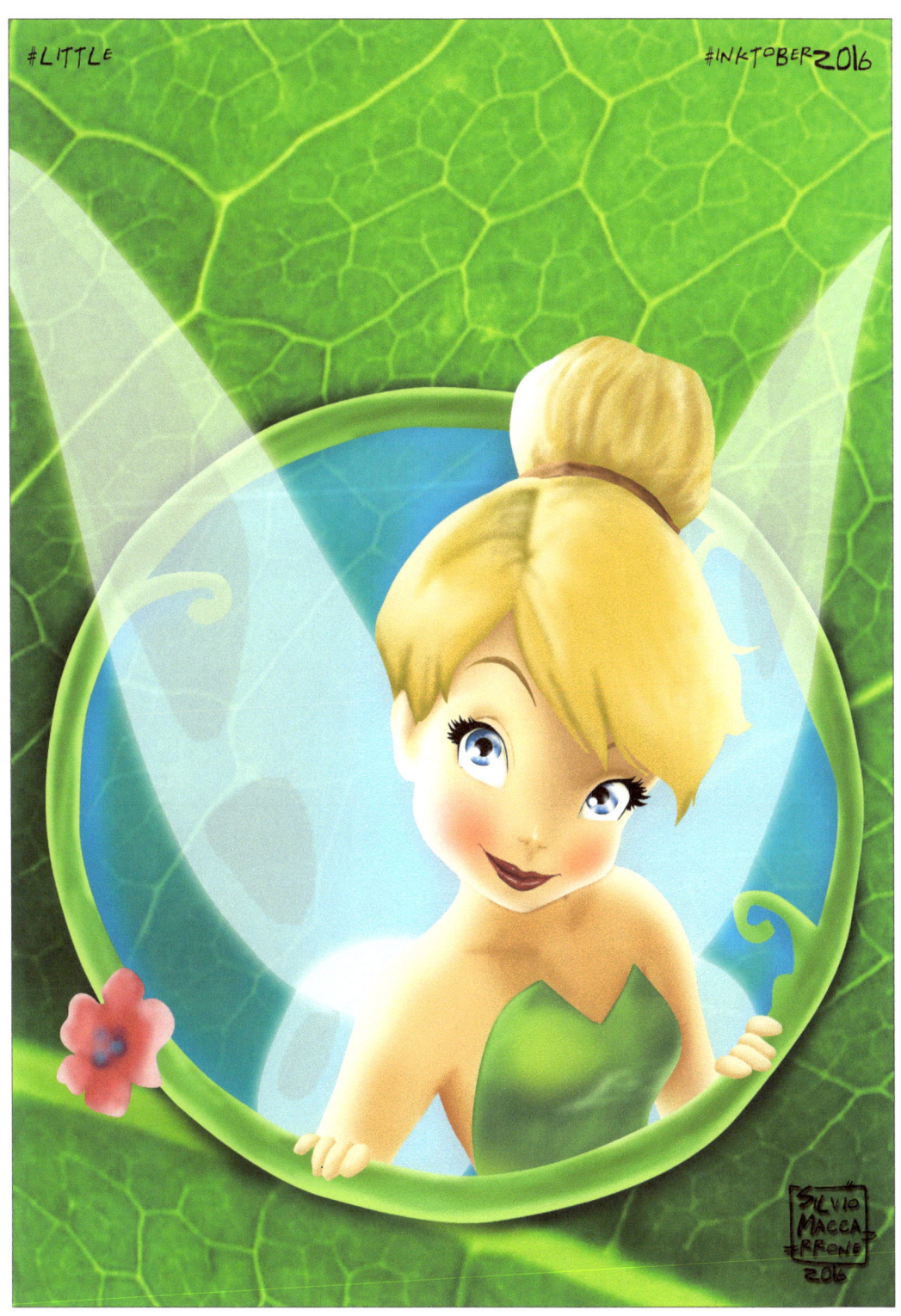

inktober2016
day 23 "slow"

PROMPT LIST: SLOW (lento)
lento
/lèn·to/
aggettivo

1.
Ridotto o limitato nella velocità: un treno l.; in quel punto la corrente è l.; contrario di 'svelto', 'sollecito' (l. nel muoversi, nel mangiare, nello scrivere), e di 'pronto', 'vivace' (un ragazzo l. a ubbidire, a capire).

DRAWING: Slow/lento, Fan Art. Turbo, DreamWorks Animation.
Turbo è un film di animazione, che vede protagonista una piccola lumaca che, dopo un particolare episodio, diventa straordinariamente veloce. Con Slow/lento, gioco sulla contrapposizione lento/lumaca e lumaca/superveloce.

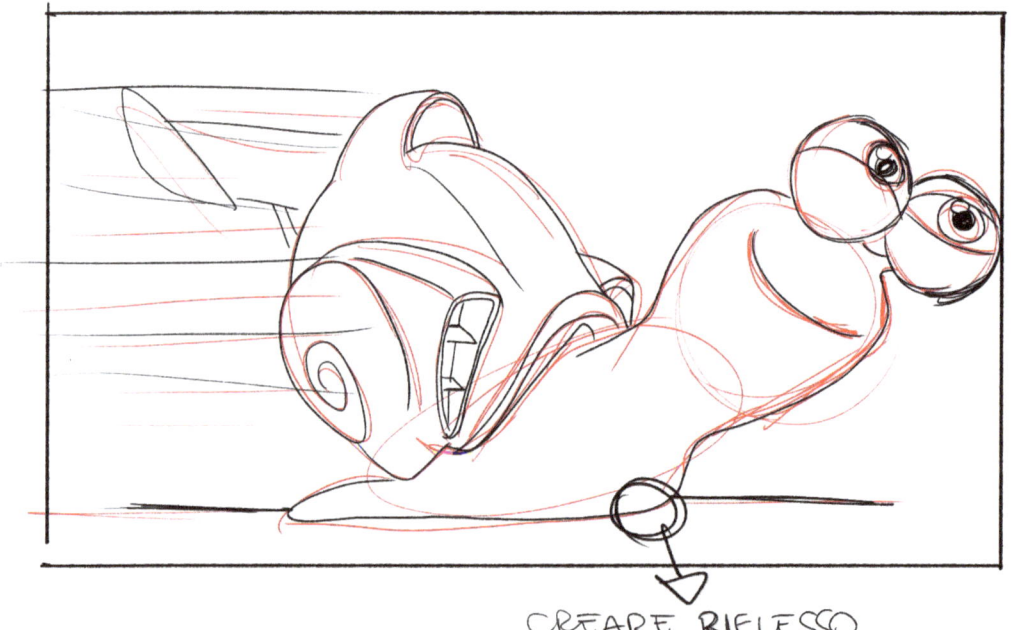

CREARE RIFLESSO

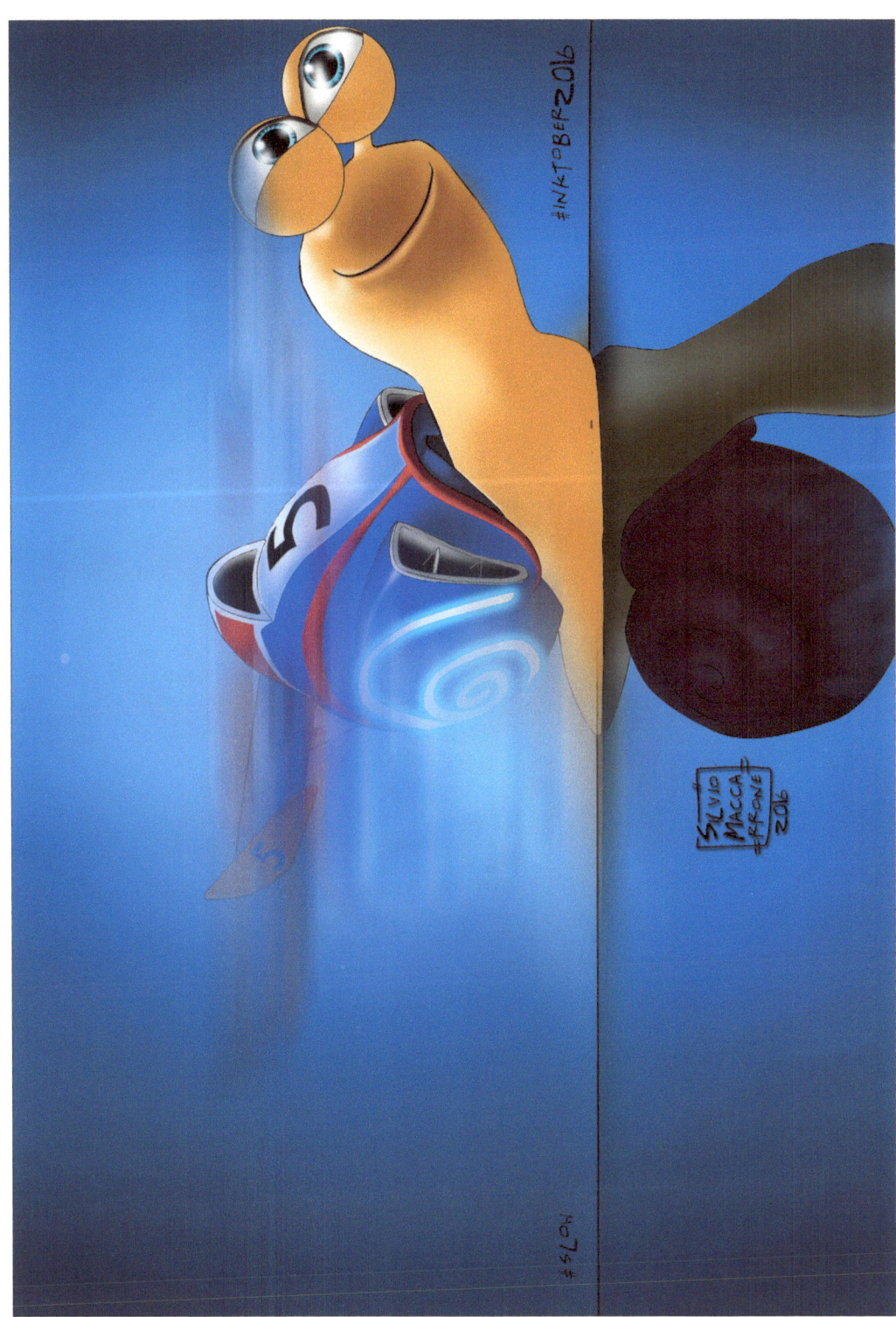

inktober2016
day 24 "one dozen"

PROMPT LIST: ONE DOZEN (preoccupato)
dozzina
/doz·zì·na/
sostantivo femminile

1.
Serie di 12 elementi dello stesso genere (identici o assortiti): una d. di uova, una d. di bottoni, una d. di fazzoletti; spesso con valore approssimativo.

DRAWING: One dozen/una dozzina, Fan Art. Jamie Madrox, X-Men, Marvel Comics.
James Arthur "Jamie" Madrox, conosciuto anche come Uomo Multiplo (Multiple Man), è un personaggio dei fumetti, creato da Len Wein e Chris Claremont (testi) e John Buscema (disegni), pubblicato dalla Marvel ComicsJamie è dotato della capacità di moltiplicare se stesso un numero virtualmente illimitato di volte, per poi riassorbire a proprio piacimento tali copie.

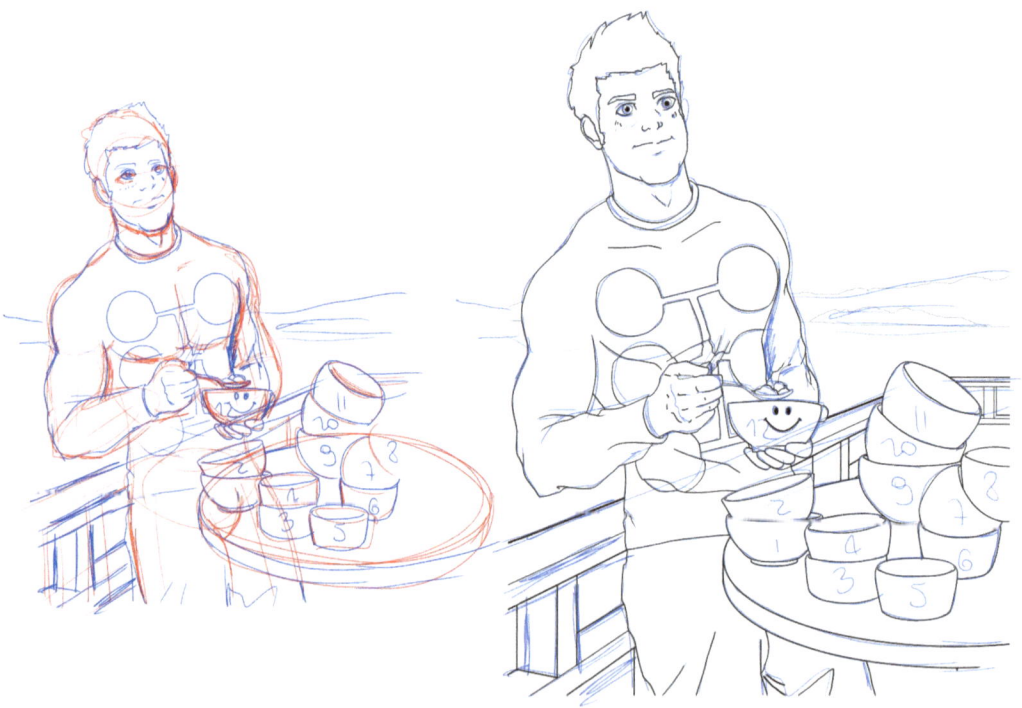

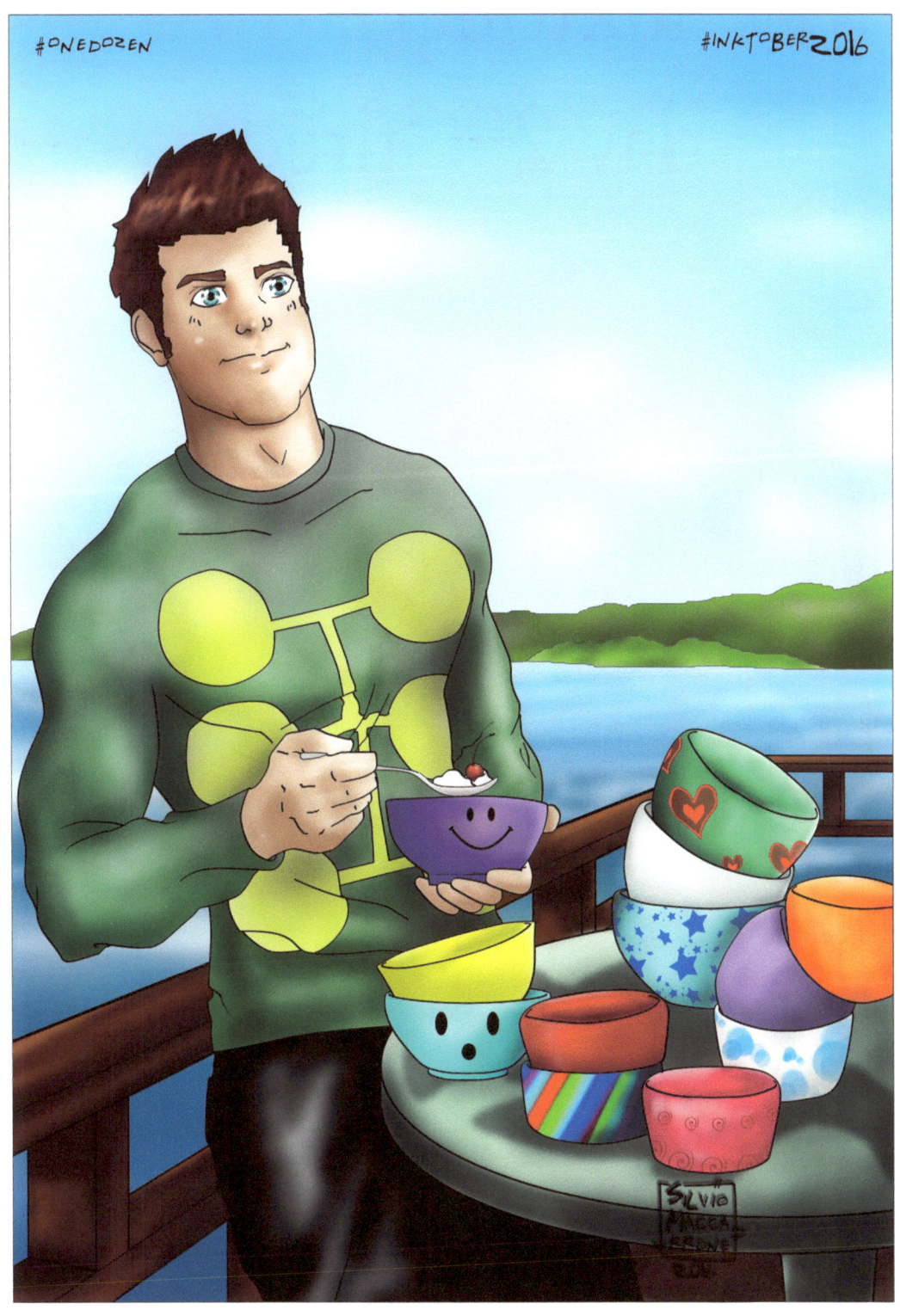

inktober2016
day 25 "tired"

PROMPT LIST: TIRED (stanco)
stanco
/stàn·co/
aggettivo

1.
Provato dalla fatica fisica o intellettuale, e pertanto bisognoso di riposo: essere, sentirsi s. (rafforzato s. sfinito, s. morto); tornare s. dal lavoro; avere la mente s.
2.
estens. e fig.
Che non prova più soddisfazione alcuna nel fare qualcosa (sono s. di viaggiare) o ha perduto la forza e la volontà di lottare o sopportare (essere s. della vita ; sono s. di vedermi trattato in questo modo!).

DRAWING: Tired/stanco, Fan Art. Snoopy, Peanuts.

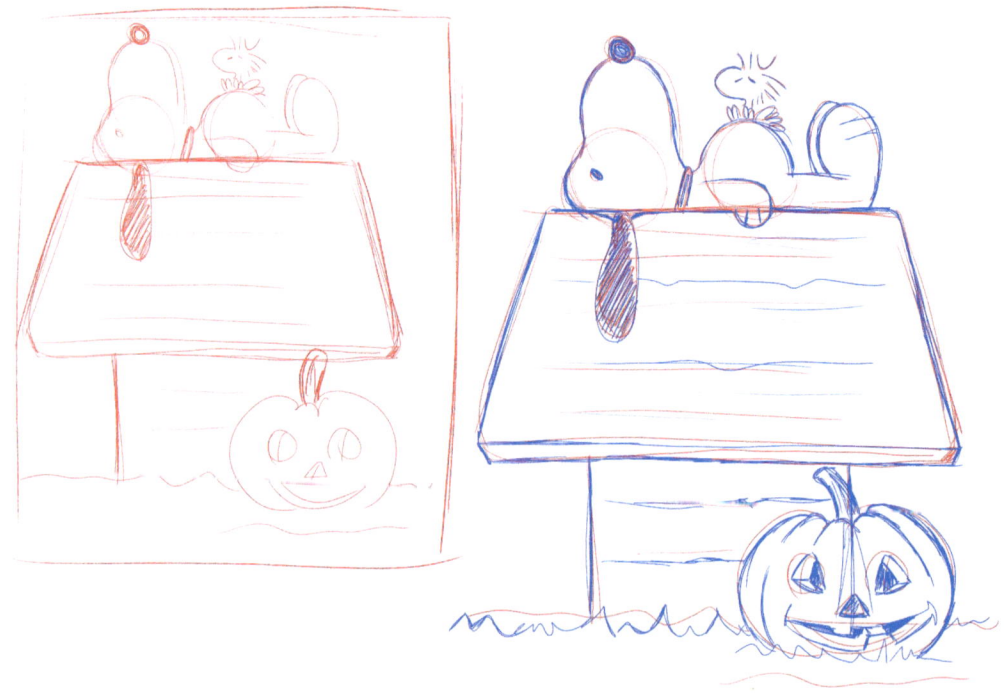

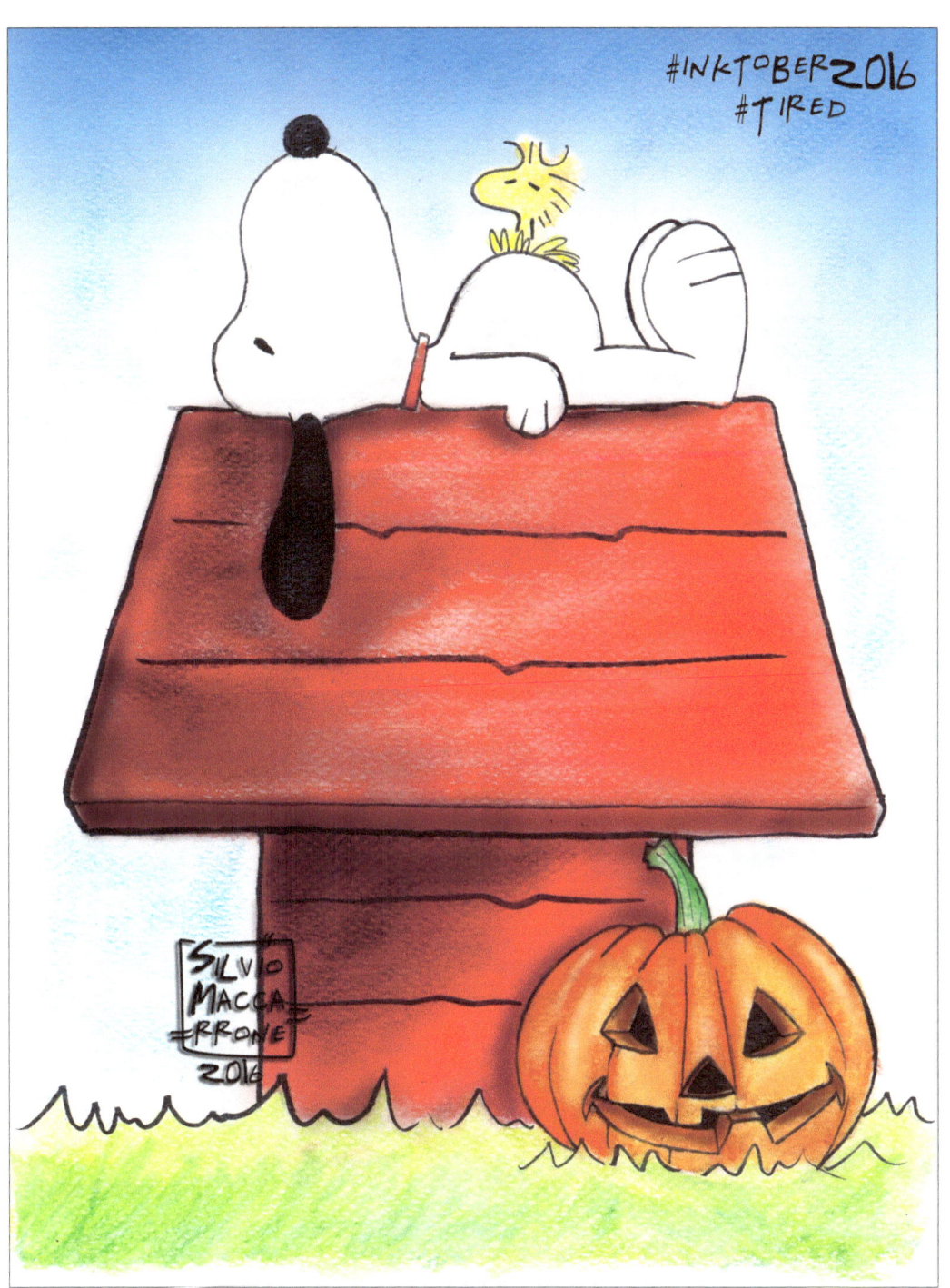

inktober2016 day 26 "box"

PROMPT LIST: BOX (scatola)
scatola
/scà·to·la/
sostantivo femminile

1.
Involucro semirigido di materiale vario, di forma e dimensioni corrispondenti a esigenze specifiche o generiche di confezione, conservazione, trasporto.

DRAWING: Box/scatola, Fan Art. Cenerentola, Disney.

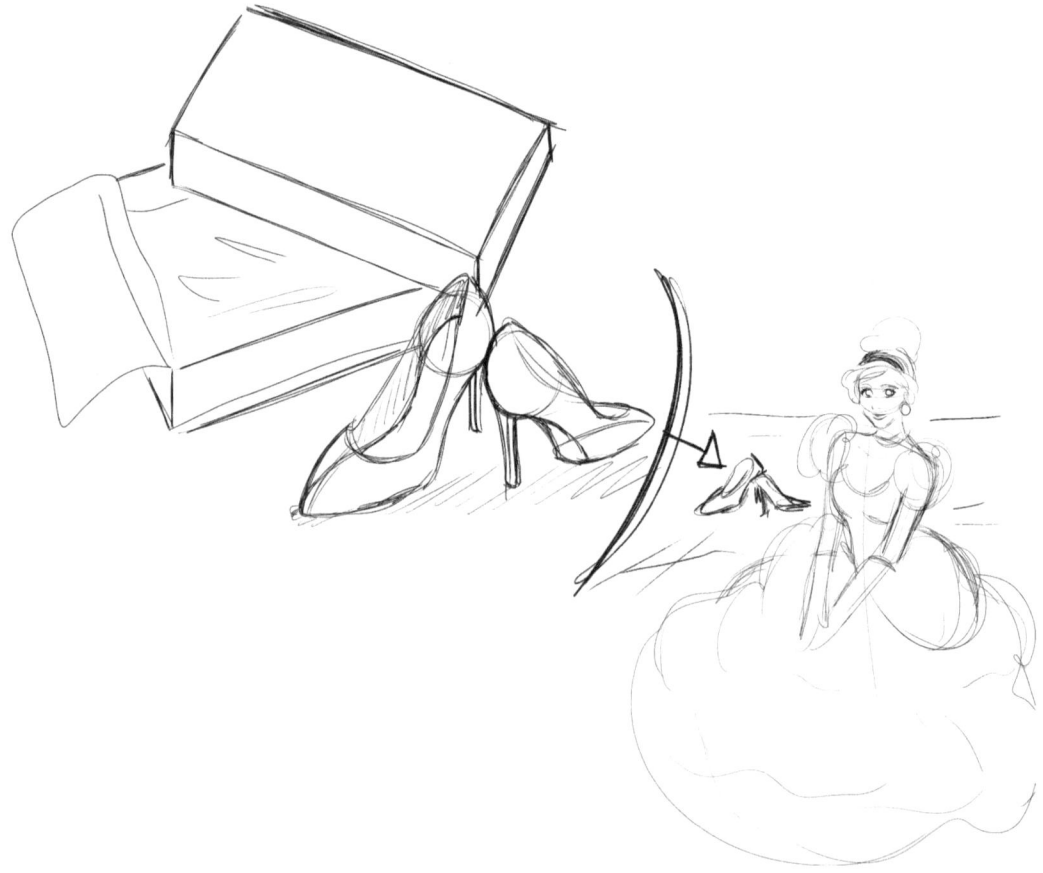

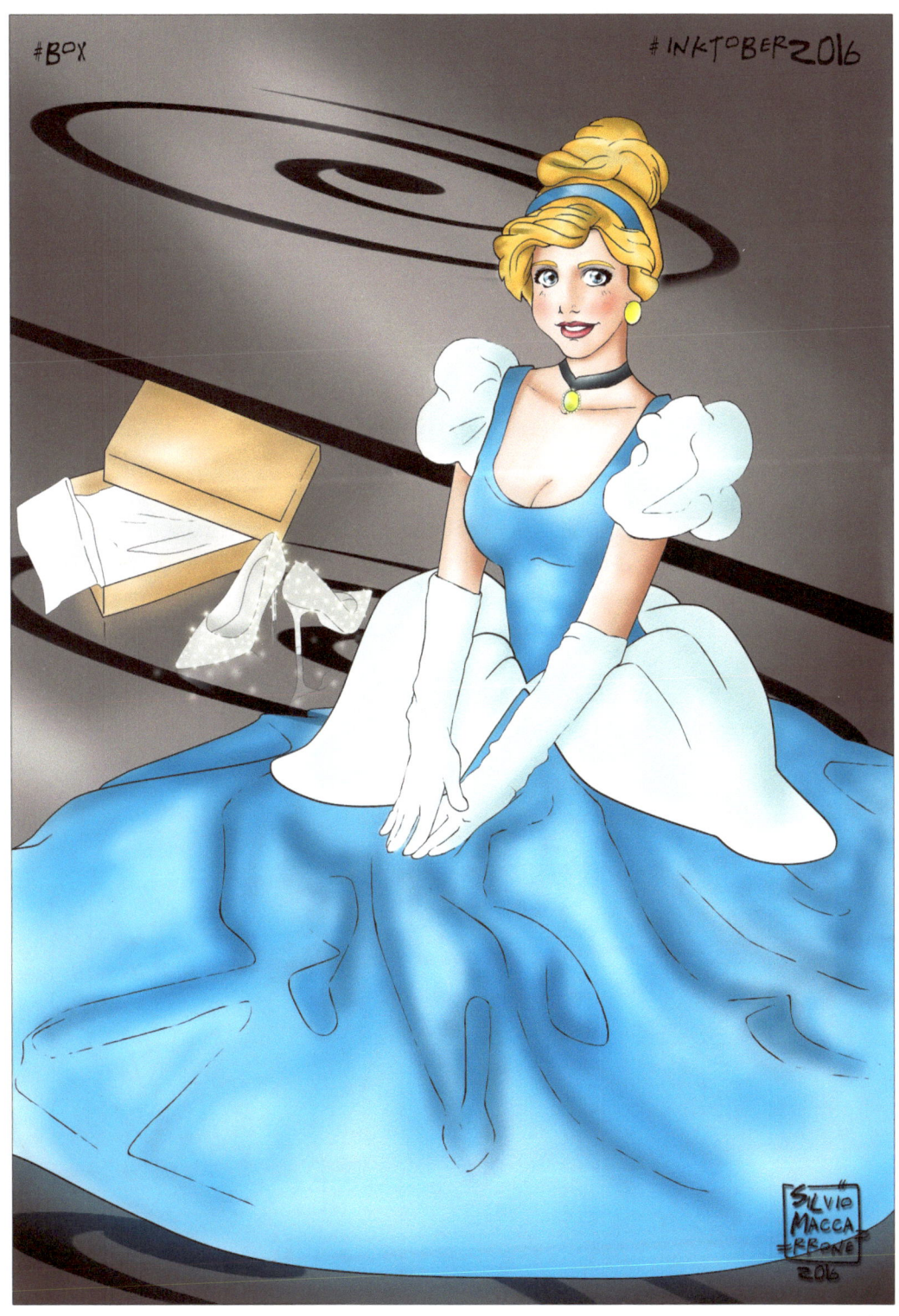

inktober2016
day 27 "creepy"

PROMPT LIST: CREEPY (raccapricciante)
raccapricciante
/rac·ca·pric·ciàn·te/
aggettivo

   Che suscita un senso di orrore e di repulsione insieme; orribile, orripilante, spaventoso.
   "una scena r."

DRAWING: Creepy/raccapricciante, Fan Art. Scream Serie tv, poster promozionale.
Scream è stata una serie televisiva antologica statunitense trasmessa, in America, su MTV e VH1. Basata sull'omonima saga cinematografica slasher, le prime due stagioni vedono protagonista un gruppo di studenti di una scuola superiore alle prese con un serial killer in una fittizia cittadina degli Stati Uniti.
A giugno 2019 viene annunciata l'uscita della terza stagione, dal titolo Scream: Resurrection; si tratta di un reboot con nuovi personaggi

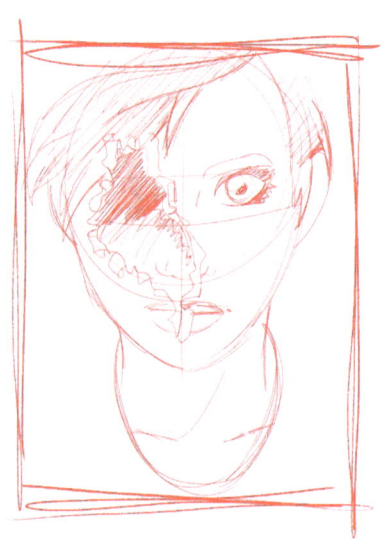 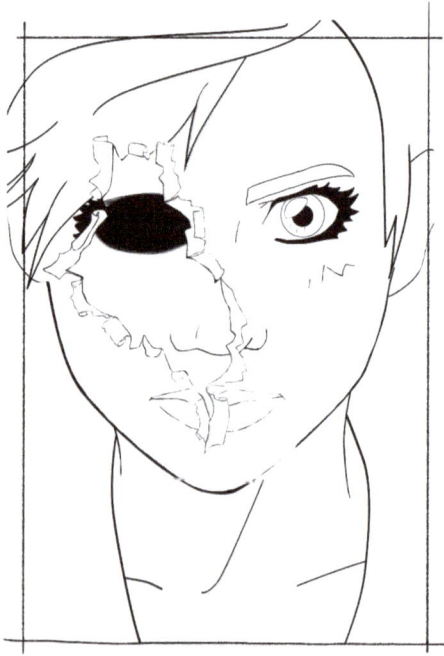

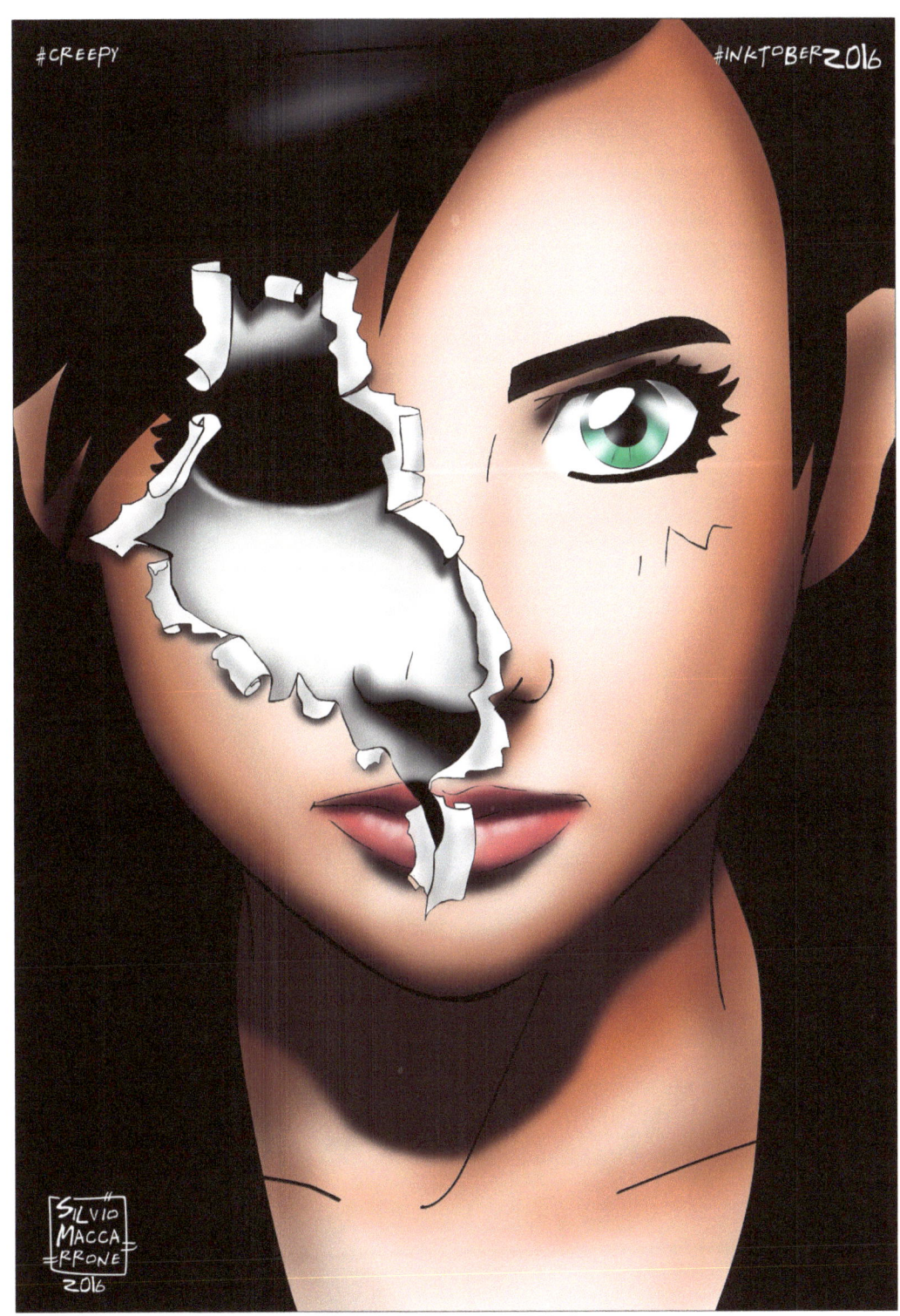

inktober2016
day 28 "burn"

PROMPT LIST: BURN (bruciare)
bruciare
/bru·cià·re/
transitivo

1.
Sottoporre all'azione del fuoco o di un'altra sorgente di calore, a scopo distruttivo o per ottenere un certo risultato, incendiare.
Lasciare inavvertitamente esposto a una fonte di calore, con effetti deterioranti.
2.
Del fuoco o di altra fonte di calore, ardere, incenerire (totalmente o parzialmente).
3. fig.
Essere preda di una forte passione, ardere (+ di, da, per).
"b. d'amore"

DRAWING: Burn/bruciare, Fan Art. Rabbia, Inside Out, Disney/Pixar.
Rabbia è l'emozione che assicura che Riley non subisca ingiustizie. Ha un atteggiamento iracondo e tende a sparare fiamme dalla testa quando è in preda alla collera.

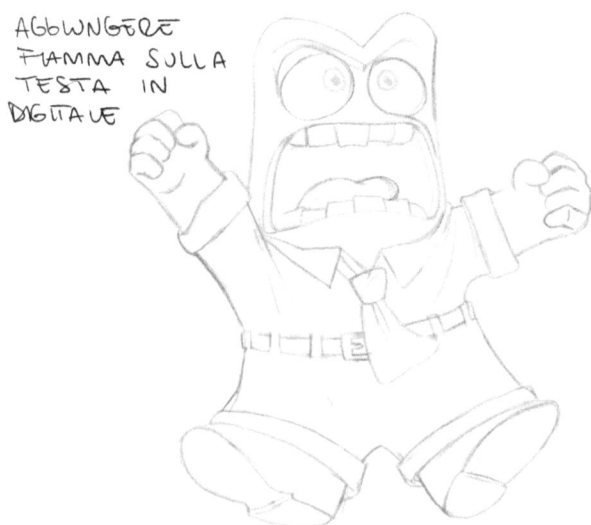

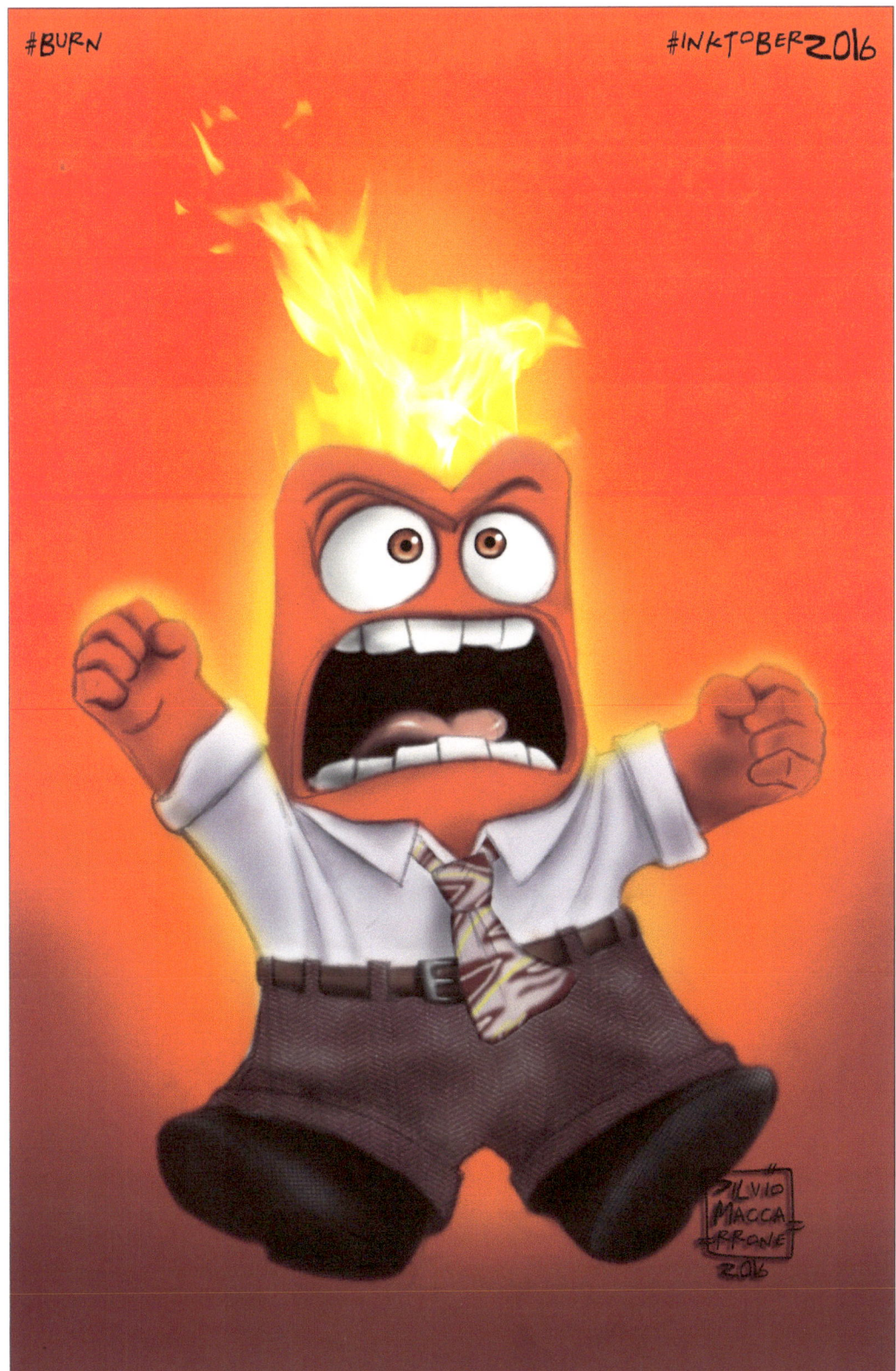

inktober2016
day 29 "surprise"

PROMPT LIST: SURPRISE (sorpresa)
sorpresa
/sor·pré·sa/
sostantivo femminile

1.
Evento o intervento inatteso, che coglie impreparati, suscitando meraviglia o stupore per lo più gradevole.
2.
Reazione di meraviglia o di stupore per il verificarsi di un fatto del tutto imprevisto o inaspettato.
3.
Piccolo dono inserito in una confezione dolciaria.
"uova di cioccolato con s."

DRAWING: Surprise/sorpresa, Fan Art. Gioia, Inside Out, Disney/Pixar.
Gioia è l'emozione dominante in Riley, nonché la prima ad essere nata. Si occupa di garantire la felicità alla bambina. All'interno del quartier generale agisce come capo per le altre emozioni e prova un certo fastidio nei confronti di Tristezza, in parte dovuto al fatto che all'inizio non riesce a comprendere la sua utilità.

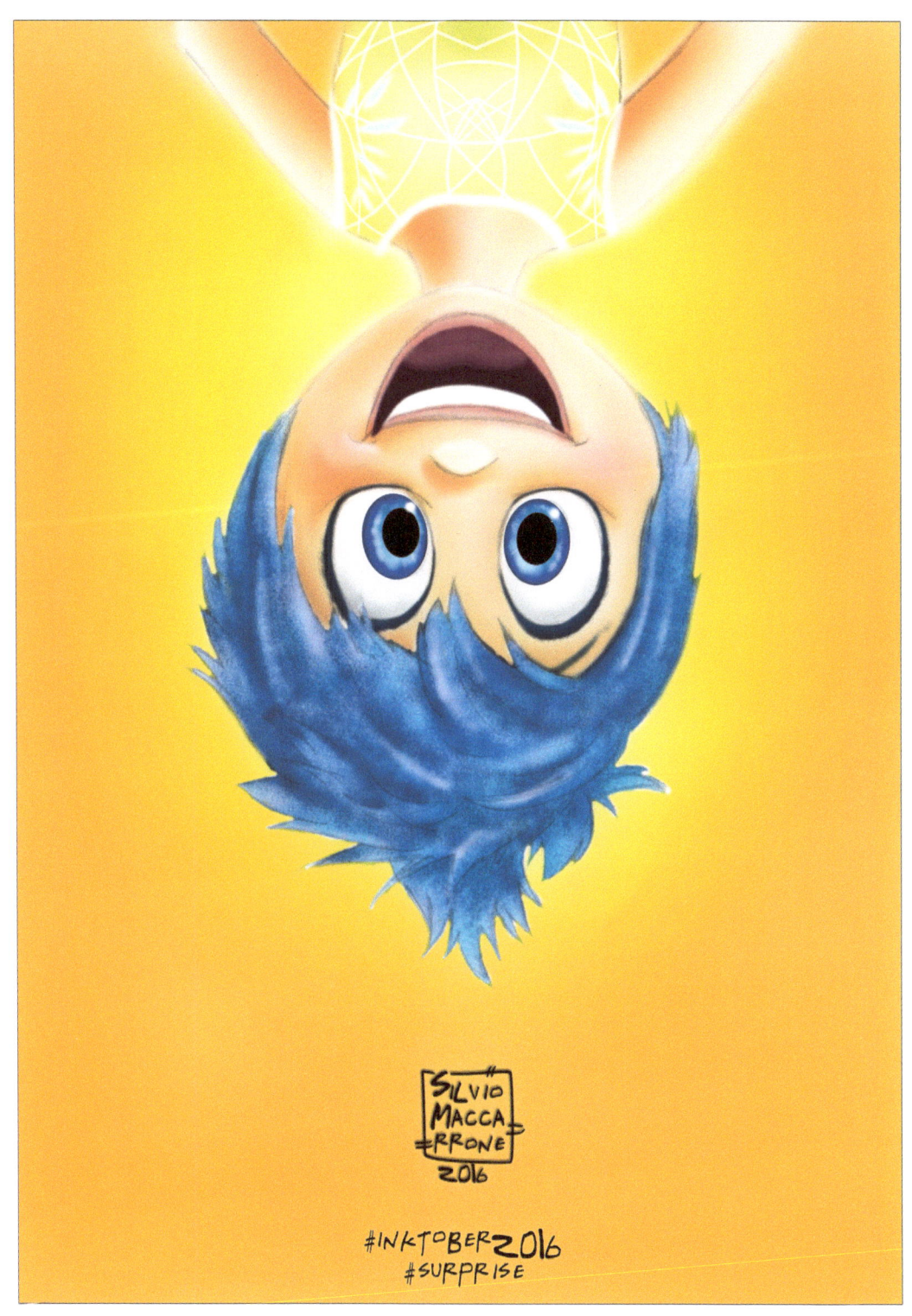

inktober2016
day 30 "wreck"

PROMPT LIST: WRECK (relitto)
relitto
/re·lit·to/
aggettivo e sostantivo maschile

1.
aggettivo
Residuo, privo di rapporti o di collegamenti col presente.
    Lago relitto, di un tratto di mare o di un bacino lacustre rimasto isolato per effetto degli spostamenti verticali della crosta terrestre.
    Flora relitta, fauna relitta, di specie vegetale o animale esclusiva di una data regione, rappresentante i resti di un'area anticamente più vasta.
    Nel linguaggio notarile: beni relitti, appartenenti al defunto e inclusi nell'asse ereditario.
2.
sostantivo maschile
Qualsiasi galleggiante ridotto a rottame, spec. per naufragio; anche, parte di un aereo precipitato in mare.

DRAWING: Wreck/relitto, Fan Art. Lost.
Giocando col concetto di "relitto" ho scelto di illustrare per la parola del giorno wreck, il piede a quattro dita che per sei stagioni è stato tra i misteri che più ha tenuto banco per tutta la durata della serie televisiva Lost. E alla fine abbiamo scoperto il suo mistero...

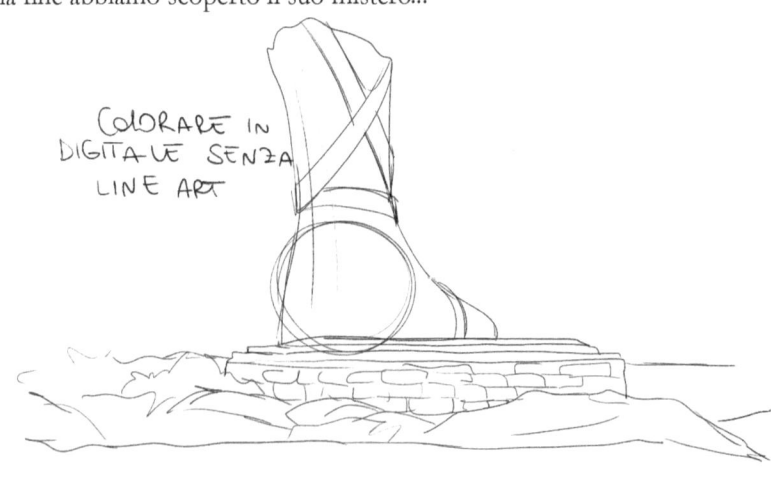

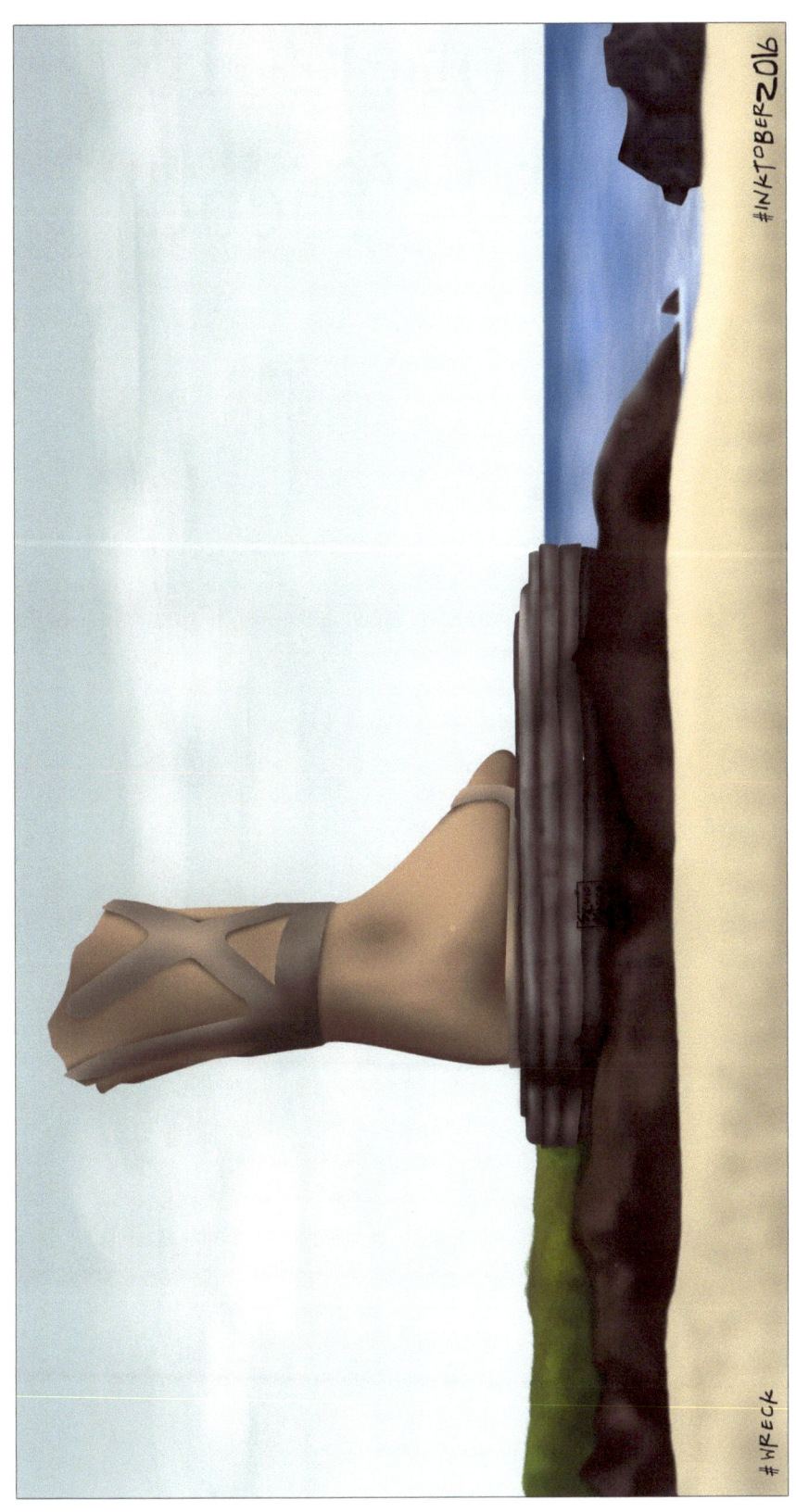

inktober2016
day 31 "friend"

PROMPT LIST: FRIEND (amico)
amico
/a·mì·co/
sostantivo maschile e aggettivo

   sostantivo maschile
   . Persona legata a un rapporto di amicizia: è un a. d'infanzia; un vecchio a. di famiglia; consiglio da a., sincero, disinteressato; far l'a, fingersi tale; prov. a. cari e borsa del pari, cioè 'ugualmente cara'; prov. dagli a. mi guardi Iddio, ché dai nemici mi guardo io ; prov. chi trova un a. trova un tesoro ; prov. al bisogno si conosce l'amico ; prov. patti chiari, a. cari.

DRAWING: Friend/amico, Fan Art. Winnie the Pooh, Disney.

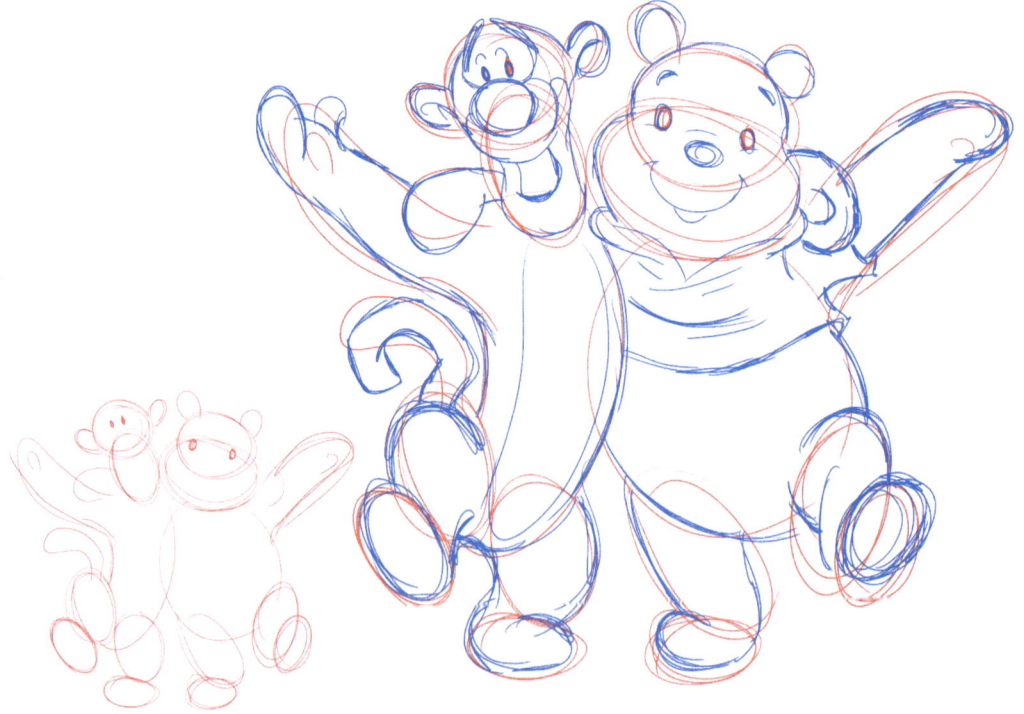

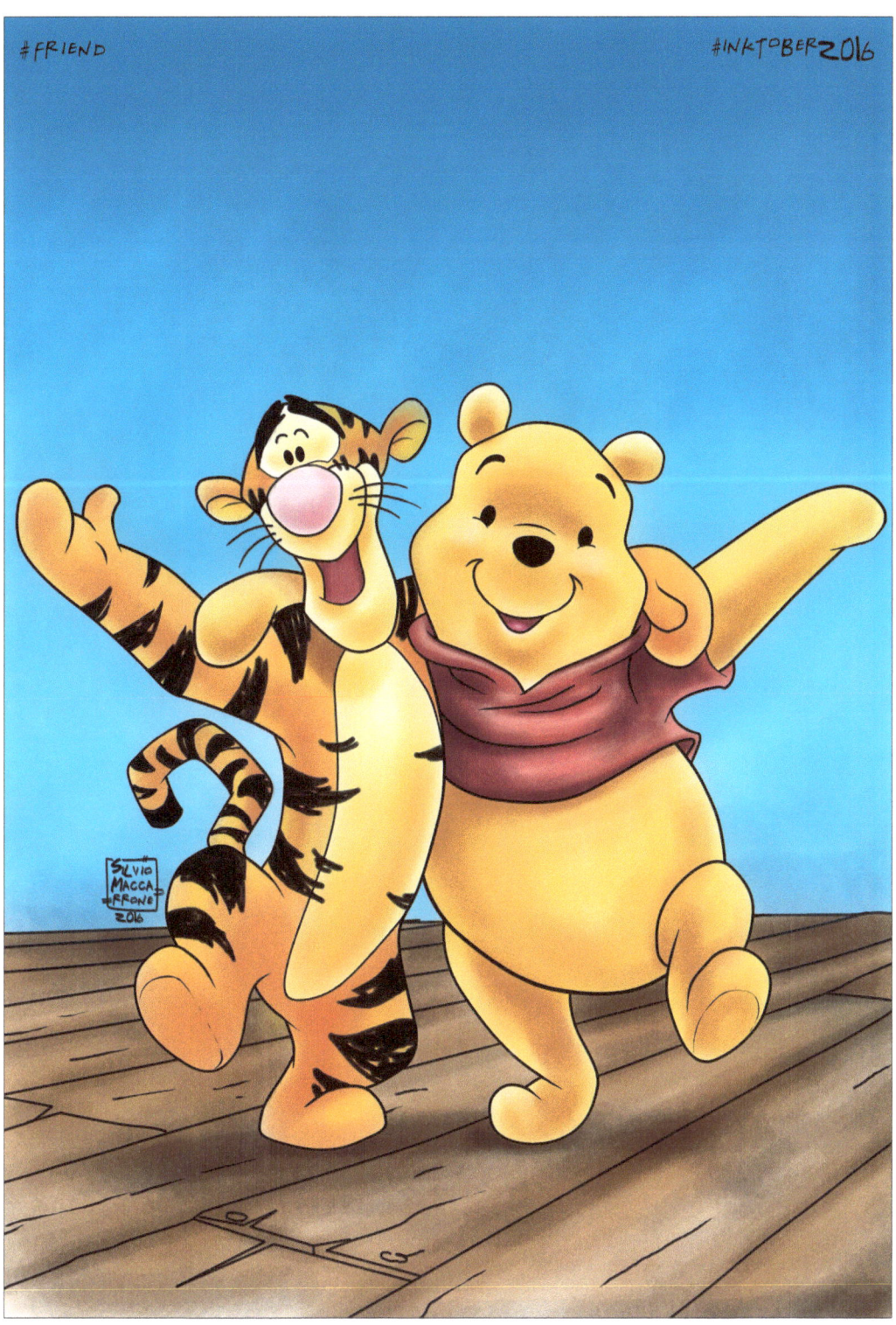

INKTOBER 2016 FANART

-

ARTBOOK

La frase più bella che ricordo nella mia vita l'ha detta un bambino quando parlava di un disegno: "Che cos'è un disegno? E' un'idea con intorno una linea". E' bellissimo, questa è tutta la mia vita.
(Bruno Bozzetto)

SILVESTRO MACCARRONE – BIBLIOGRAFIA AUTORE

Libri per bambini e ragazzi.

https://www.facebook.com/IllustrandoUnSognoBlog/
http://silviomacca.blogspot.it/
https://www.instagram.com/silviomacca/

1 – **Arianna e la sedia** (libro illustrato)
2 – **Matteo va al museo: Volume I** (libro illustrato)
3 – **Arianna e l'aquilone azzurro** (libro illustrato)
4 – **Rory, alla riscoperta del Natale** (libro illustrato)
5 – **D come Dracula: a silent book Volume 1** (libro illustrato)
6 – **Ausciuviz (Auschwitz)** (libro illustrato)
7 – **Little Red Riding Hood - Cappuccetto Rosso: a silent book Volume 2** (libro illustrato)
8 – **Canto di Natale nel villaggio di MAIBOH** (libro illustrato)

ALTRI LAVORI

1 – **La sfida di Riccardo** di Valérie Marschall. Edizione Italiana e francese. (copertina e quarta di copertina)
2 – **I Quaderni. Dal silenzio il canto: storie di mutismo selettivo**, AA. VV. (copertina e quarta di copertina)
3 – **Cacciatori di Segreti: La presa di coscienza Vol.1** di Erika Vanzin (copertina e quarta di copertina)
4 – **Cacciatori di Segreti: La scelta Vol.2** di Erika Vanzin (copertina e quarta di copertina)
5 – **Cacciatori di Segreti: La lotta Vol.3** di Erika Vanzin (copertina e quarta di copertina)
6 – **Progetto Superbaby soccorritore** (copertina, quarta di copertina, illustrazioni interne

www.ingramcontent.com/pod-product-compliance
Lightning Source LLC
Chambersburg PA
CBHW051204220526
45473CB00003B/902